Inteligencia

OSHO

Inteligencia
La respuesta creativa al ahora

Traducción de José Ignacio Moraza Pérez

Grijalbo

Título original: *Intelligence*

Primera edición en U.S.A.: enero, 2006

El material de este libro ha sido seleccionado entre varias de
las charlas dadas por Osho ante una audiencia, durante un
período de más de treinta años.
Todos los discursos de Osho han sido publicados íntegra-
mente en inglés y están también disponibles en audio.
Las grabaciones originales de audio y el archivo completo de
los textos se pueden encontrar on-line en la biblioteca de la
www.Osho.com.
OSHO® es una marca registrada de Osho International
Foundation

Printed in Spain – Impreso en España

Fotocomposición: Anglofort, S. A.

ISBN: 0-703-4993-4

Distributed by Random House, Inc.

BD 4 9 9 3 4

Índice

✦

5. Fuera de la caja: liberarse del condicionamiento

6. Síntomas, indicaciones y obstáculos

Respuestas a preguntas

Prólogo

LA INTELIGENCIA NO ES LO QUE PIENSAS

PRIMERO, TEN CLARO QUE INTELECTUALIDAD no es inteligencia. Ser intelectual es ser falso; es simular inteligencia. No es real porque no es algo tuyo, es algo prestado.

La inteligencia es el crecimiento de la consciencia interna. No tiene nada que ver con los conocimientos, tiene que ver con ser meditativo. Una persona inteligente no actúa según su experiencia pasada; actúa en el presente. No reacciona, responde. Por consiguiente, es siempre impredecible; nunca se puede estar seguro de lo que va a hacer.

Un católico, un protestante y un judío estaban hablando con un amigo que decía que le acababan de dar seis meses de vida.

—¿Qué harías tú —le preguntó al católico—, si tu médico te diera seis meses de vida?

—¡Ah! —dijo el católico—, yo donaría todas mis pertenencias a la Iglesia, comulgaría todos los domingos, y rezaría avemarías a menudo.

—¿Y tú? —le preguntó al protestante.

—¡Yo lo vendería todo y me iría de crucero por el mundo y me lo pasaría en grande!

—¿Y tú? —le dijo al judío.

—¿Yo? Yo iría a ver a otro médico.

¡Eso es inteligencia!

1
La inteligencia, un don de la naturaleza

LA INTELIGENCIA ES INTRÍNSECA A LA VIDA. La inteligencia es una cualidad natural de la vida. Así como el fuego es candente, el aire es invisible y el agua fluye hacia abajo, así la vida es inteligente.

La inteligencia no es una hazaña. *Naces* inteligente. Los árboles son inteligentes a su manera, tienen suficiente inteligencia para su propia vida. Los pájaros son inteligentes, también los otros animales. De hecho, lo que las religiones denotan al decir «Dios» es solo esto: que el universo es inteligente, que hay inteligencia oculta en todas partes. Y si tienes ojos, puedes verla. La vida es inteligencia.

Solo el hombre se ha vuelto falto de inteligencia. El hombre ha dañado el flujo natural de la vida. Excepto en el hombre, no hay falta de inteligencia. ¿Has visto alguna vez un pájaro al que puedas llamar estúpido? ¿Has visto alguna vez un animal al que puedas llamar idiota? No, esas cosas solo le pasan al hombre. Algo ha ido mal. La inteligencia del hombre ha sido dañada, corrompida, ha sido mutilada.

La meditación no es otra cosa que deshacer ese daño. La meditación no será necesaria en absoluto si se deja en paz al hombre. Si el sacerdote y el político no interfieren con la inteligencia del hombre, no habrá necesidad de meditación. La meditación es medicinal: primero hay que crear la enfermedad, entonces será necesaria la meditación. Si no hay enfermedad, la meditación no es necesaria. No es accidental que las palabras *medicina* y *meditación* provengan de la misma raíz.

Todo niño nace inteligente, pero desde el momento del nacimiento nos abalanzamos sobre él y empezamos a destruir su inteligencia, porque la inteligencia es peligrosa para la estructura política, para la estructura social, para la estructura religiosa. Es peligrosa para el Papa, es peligrosa para el sacerdote, es peligrosa para el líder. Es peligrosa para el *statu quo*, para la clase dirigente. La inteligencia es naturalmente rebelde. A la inteligencia no se la puede forzar a ninguna subordinación. La inteligencia es muy categórica, individual. A la inteligencia no se la puede forzar a ninguna imitación mecánica.

Hay que convertir a la gente en réplicas exactas; hay que destruir su originalidad; de lo contrario, todas las tonterías que se han hecho en la Tierra serían imposibles. Necesitas un líder, porque primero han hecho que dejes de ser inteligente; de lo contrario, no habría necesidad de ningún líder. ¿Por qué ibas a seguir a nadie? Seguirías a tu inteligencia. Si alguien quiere convertirse en líder, entonces hay que hacer una cosa: hay que destruir tu inteligencia de alguna manera. Hay que sacudirte desde tus mismas raíces, hay que asustarte. Hay que hacer que pierdas la confianza en ti mismo: eso es indispensable; solo entonces puede hacer su entrada el líder.

Si eres inteligente, resolverás tus problemas tú mismo. La inteligencia es suficiente para resolver todos los problemas. De hecho, no importa qué problemas surjan en la vida: tú tienes más inteligencia que esos problemas. Es una provisión, un regalo de la naturaleza. Pero hay personas ambiciosas que quieren mandar, dominar; hay locos ambiciosos: ellos crean miedo en ti. El miedo es como la herrumbre: destruye toda inteligencia. Si se quiere destruir la inteligencia de alguien, lo primero que se necesita es crear miedo: crear un infierno y hacer que la gente se asuste. Cuando la gente le tenga miedo al infierno, irán y se doblegarán ante el sacerdote. Escucharán al sacerdote. Si no escuchan al sacerdote, se enfrentarán al fuego del infierno; por supuesto, tienen miedo. Tienen que protegerse del fuego del infierno, y necesitan al sacerdote. El sacerdote se vuelve indispensable.

Una vez me hablaron de dos hombres que eran socios en un negocio. Su negocio era muy insólito, y les obligaba a viajar por todo el país. Uno de los socios iba a una ciudad; por la noche iba echando alquitrán a las ventanas y por la mañana desaparecía. Después de dos o tres días, llegaba el otro. Se ofrecía para limpiar el alquitrán de las ventanas de la gente. La gente pagaba, por supuesto; tenía que pagar. Eran socios. Uno ocasionaba el daño, el otro venía a deshacerlo.

Los miedos hay que crearlos, la avaricia hay que crearla. La inteligencia no es avariciosa. Te sorprenderá saber que un hombre inteligente nunca es avaricioso. La avaricia forma parte de la falta de inteligencia. Acumulas para mañana porque no tienes confianza en que mañana serás capaz de afrontar la vida; de lo contrario, ¿para qué acumular? Te vuelves tacaño, te vuelves avaricioso, porque no sabes si mañana tu inteligencia será capaz de hacer frente a la vida o no. ¿Quién sabe? No tienes confianza en tu inteligencia, así que acumulas, te vuelves avaro. Una persona inteligente no tiene miedo, no es avariciosa.

La avaricia y el miedo van juntos; por eso, el cielo y el infierno van juntos. El infierno es el miedo, el cielo es la avaricia. Crea miedo en la gente y crea avaricia en la gente: hazlos tan avariciosos como sea posible. Hazlos tan avariciosos que la vida no pueda satisfacerlos; entonces acudirán al sacerdote y al líder. Empezarán a fantasear acerca de alguna vida futura en la que sus deseos tontos y sus fantasías estúpidas se cumplirán. Obsérvalo: pedir lo imposible es estar falto de inteligencia.

Una persona inteligente está satisfecha con lo posible. Se esfuerza por lo probable; nunca se esfuerza por lo imposible y lo improbable. Contempla la vida y sus limitaciones. No es perfeccionista. Un perfeccionista es un neurótico. Si eres perfeccionista te volverás neurótico.

Por ejemplo, si amas a una mujer y le pides fidelidad absoluta, te volverás loco y ella se volverá loca. Eso es imposible. Fidelidad absoluta significa que ella ni siquiera pensará, ni siquiera soñará con otro hombre: esto no es posible. ¿Quién eres tú? ¿Por qué se ha enamorado de ti? Porque eres un hombre. Si puede enamorarse de ti, ¿por qué no va a pensar en otros? Esa posibilidad permanece abierta. ¿Y cómo va a arreglárselas si ve pasar a alguien guapo y surge en ella el deseo? Incluso decir «Este hombre es guapo» es desear: ha entrado el deseo. Solo dices que algo es bello cuando sientes que es digno de ser poseído, de ser disfrutado. No eres indiferente.

Pero si pides fidelidad absoluta habrá conflicto y siempre desconfiarás. Serás siempre desconfiado porque también conoces tu mente: tú piensas en otras mujeres, de modo que ¿cómo vas a confiar en que tu mujer no esté pensando en otros hombres? Sabes que tú estás pensando, de manera que sabes que ella está pensando en las mismas cosas. Entonces surge la desconfianza, el conflicto, la agonía. El amor que era posible se ha vuelto imposible debido a un deseo imposible.

La gente pide lo que no se puede hacer. Quieres seguridad para el futuro, lo que no es posible. Quieres seguridad absoluta para mañana: no puede garantizarse; no está en la naturaleza de la vida. Una persona inteligente sabe que eso no está en la naturaleza de la vida. El futuro permanece abierto: el banco puede ir a la bancarrota, la esposa puede fugarse con otro, el marido puede morirse, los niños pueden resultar de poco mérito. ¿Quién sabe algo del mañana? Puede que te pongas enfermo, puede que te quedes lisiado. ¿Quién sabe algo del mañana?

Pedir seguridad para el mañana significa vivir con miedo constante. La seguridad no es posible, de modo que cuando temes a la inseguridad, tu miedo no puede ser destruido. Habrá miedo, temblarás... y mientras tanto te estás perdiendo el momento presente. Con el deseo de seguridad en el futuro estás destruyendo el presente, que es la única vida disponible. Y estarás cada vez más convulsionado, asustado, avaricioso.

Nace un niño; un niño es un fenómeno muy, muy abierto, extremadamente inteligente. Pero nos abalanzamos sobre él, empezamos a destruir su inteligencia. Empezamos a crear miedo en él. Lo llamáis enseñanza, lo llamáis hacerle capaz para afrontar la vida. Él no tiene miedo, y creáis miedo en él.

Y vuestras escuelas, colegios, universidades... todo ello le hace cada vez menos inteligente. Le exigen tonterías. Le exigen que memorice tonterías, cosas en las que el niño y su inteligencia natural no puede ver ningún sentido. ¿Para qué? Ese niño no puede ver el sentido de ello. ¿Para qué abarrotar tu cabeza de estas cosas? Pero la universidad dice, el colegio dice, la casa, la familia, las personas con buenas intenciones dicen: «¡Abarrótate! Ahora no lo sabes, pero más adelante sabrás por qué es necesario».

Abarrótate de historia, de todas las tonterías que la gente le ha estado haciendo a otra gente, toda la locura... ¡estúdialo! Y el niño no le ve el sentido. Qué importa cuándo reinó cierto rey, de qué fecha a qué fecha... Tiene que aprender de memoria esas estupideces. Naturalmente, su inteligencia va quedando cada vez más agobiada, inhabilitada. Se va acumulando cada vez más polvo sobre su inteligencia. Para cuando una persona vuelve de la universidad, ya no es inteligente: la universidad ha hecho su trabajo. Es muy excepcional que alguien pueda graduarse en la universidad y seguir siendo inteligente. Poquísimas personas han sido capaces de escapar de la universidad, de evitarla, de pasar por la universidad y, sin embargo, conservar su inteligencia... muy excepcionalmente. Es un mecanismo tan enorme para destruirte.

En el momento que te conviertes en una persona instruida, has dejado de ser inteligente.

¿Puedes verlo? La persona instruida se comporta de una manera muy poco inteligente. Vete a ver a la gente primitiva que nunca ha tenido estudios y encontrarás una inteligencia pura en funcionamiento.

He oído que...

Una mujer estaba intentando abrir una lata, y no podía llegar a entender cómo hacerlo. Así es que fue a mirar en el libro de cocina. Para cuando miró en el libro, el cocinero ya la había abierto. Ella volvió y se quedó sorprendida. Le preguntó:

—¿Cómo lo has hecho?

—¡Señora, cuando no sabes leer, tienes que usar tu inteligencia! —respondió el cocinero.

Sí, eso es correcto. Cuando no sabes leer tienes que usar tu inteligencia. ¿Qué otra cosa puedes hacer? En cuanto empiezas a leer —cuando te vuelves competente en esas cosas peligrosas— no necesitas ser inteligente, los libros se ocuparán.

¿Lo has observado? Cuando una persona empieza a mecanografiar, su caligrafía se pierde; su caligrafía deja de ser bella. No hay necesidad: la máquina se ocupa. Si llevas una calculadora en el bolsillo, se te olvidan todas las matemáticas; no hay necesidad. Tarde o temprano, todo el mundo llevará consigo pequeños ordenadores. Tendrán toda la información de una *Enciclopedia británica* y entonces no habrá ninguna necesidad de que seas inteligente en absoluto; el ordenador se ocupará.

Vete a ver a la gente primitiva, la gente sin estudios, los aldeanos, y encontrarás una inteligencia sutil. Sí, no están muy informados, eso es verdad. No tienen conocimientos, eso es verdad; pero son tremendamente inteligentes. Su inteligencia es como una llama sin humo.

La sociedad ha hecho algo erróneo con el ser humano debido a ciertas razones: quiere que seáis esclavos, quiere que siempre tengáis miedo. Quiere que seáis siempre avariciosos, quiere que seáis siempre ambiciosos, quiere que seáis siempre competitivos. Quiere que no seáis cariñosos, quiere que estéis llenos de ira y odio. Quiere que permanezcáis débiles, imitadores, réplicas exactas. No quiere que os volváis originales, únicos y rebeldes, no. Por eso hay que destruir vuestra inteligencia.

La meditación solo es necesaria para deshacer lo que ha hecho la sociedad. La meditación es negativa: simplemente anula el daño, destruye la enfermedad. Y una vez que la enfermedad se ha ido, tu bienestar se impone por sí mismo.

En el último siglo se ha ido demasiado lejos: la educación universal ha sido una calamidad. Y recuerda que no estoy en contra de la educación, estoy en contra de *esta* educación. Existe la posibilidad de un tipo diferente de educación que será beneficiosa para aguzar tu inteligencia, no para destruirla; que no la sobrecargará con hechos innecesarios, que no la sobrecargará con conocimientos innecesarios, que no la sobrecargará en absoluto, sino que la ayudará a volverse más radiante, fresca, joven.

Esta educación solo te vuelve capaz de memorizar. Esa otra educación te volverá capaz de más claridad. Esta educación destruye tu inventiva. Esa otra educación te ayudará a volverte más inventivo.

Por ejemplo, la educación que yo quisiera en el mundo no requerirá que un niño responda en la vieja manera estereotipada. No estimulará la repetición, el ser como loros. Estimulará la inventiva. Incluso si la respuesta inventada no es tan correcta como lo pueda ser la respuesta copiada, aun así, valorará al niño que ha aportado una nueva respuesta a un viejo problema. Ciertamente, la respuesta del niño no puede ser tan correcta como la respuesta de Sócrates; naturalmente, en un niño pequeño... la respuesta no puede ser tan correcta como la de Albert Einstein, por supuesto. Pero pedir que la respuesta del niño sea tan correcta como la de Albert Einstein es ridículo. Si el niño es inventivo, va en la dirección correcta; un día, el niño se convertirá en un Albert Einstein. Si está tratando de crear algo nuevo, naturalmente tiene sus limitaciones, pero se debería valorar simplemente su esfuerzo por tratar de crear algo nuevo, se debería alabar.

La educación no debería ser competitiva. Las personas no deberían ser juzgadas, comparadas las unas con las otras. La competitividad es muy violenta y muy destructiva. Alguien no es bueno en matemáticas y le llamas mediocre. Y puede que sea bueno en carpintería, pero nadie mira eso. Alguien no es bueno en literatura y le llamas estúpido; y será bueno en música, en baile.

Una educación auténtica ayudará a las personas a encontrar *su* vida, en la que puedan estar totalmente vivas. Si un niño nace para ser carpintero, entonces eso es lo que debe hacer. Nadie debería obligarle a hacer otra cosa. ¡Este mundo puede convertirse en un mundo tan estupendo, tan inteligente, si se permite al niño que sea él mismo o ella misma, si se le ayuda, si se le estimula de todas las maneras y nadie viene a interferir! De hecho, nadie manipula al niño. Si el niño quiere ser bailarín, entonces está bien: los bailarines son necesarios. Se necesita mucha danza en el mundo. Si el niño quiere ser poeta, bien. Se necesita mucha poesía; nunca hay suficiente. Si el niño quiere ser carpintero o pescador, perfectamente bien. Si el niño quiere ser leñador... perfectamente bien. No hay necesidad de que llegue a ser presidente o primer ministro. De hecho, que menos personas se interesaran en esos objetivos sería una bendición.

Ahora mismo todo está patas arriba. Alguien que quería ser carpintero se ha hecho médico; alguien que quería ser médico se ha hecho carpintero. Todos están en el puesto de otro, por eso hay tanta carencia de inteligencia: todo el mundo está haciendo el trabajo de otro. En cuanto empieces a verlo, comprenderás por qué la gente se comporta con tan poca inteligencia.

En India hemos meditado profundamente, y hemos encontrado una palabra: *Swadharma*, la naturaleza de uno mismo. Contiene la mayor de las implicaciones para un mundo futuro. Krisna ha dicho: «*Swadharme nadhanam shreyah*», «Es bueno morir en tu propia naturaleza, siguiendo tu propia naturaleza», y «*Per dharmo bavaha baha*», «La naturaleza de otra persona es muy peligrosa». No seas un imitador. Sé tú mismo.

He oído que...

Bill siempre quería ir a cazar alces, así que ahorró el dinero suficiente y se fue a los bosques del norte. Allí le proveyeron del equipo necesario y el dueño de la tienda le aconsejó que contratase los servicios de Pierre, el mejor llamador de alces del país.

—Es verdad que Pierre es caro —dijo el dueño de la tienda—, pero tiene una cualidad sexy en su llamada a la que ningún alce puede resistirse.

—¿Cómo es eso? —preguntó Bill.

—Bueno —dijo el comerciante—, Pierre detecta un alce a trescientos metros, entonces ahueca las manos y hace su primera llamada. Cuando el alce la oye, se excita con deseo expectante y se acerca a doscientos metros. Entonces Pierre vuelve a llamar, poniendo un poco más de gancho sexual en la llamada, y el alce saltará con júbilo ardiente hasta una distancia de cien metros. Esta vez, Pierre pone una nota realmente sexy en su llamada, prolongándola un poco, lo que incita al alce, alborotado por empeño carnal, a acercarse a solo veinticinco metros de ti. Y ese es el momento, amigo mío, en que debes apuntar y disparar.

—Supongamos que falle el tiro... —propuso Bill.

—Oh, eso sería terrible! —dijo el otro.

—Pero ¿por qué? —preguntó Bill.

—Porque entonces se apareará con el pobre Pierre.

Eso es lo que le ha sucedido al hombre: imitación, imitación. El hombre ha perdido completamente la visión de su propia realidad. La gente zen dice: «Busca tu rostro original». Descubre tu autenticidad. ¿Quién eres? Si no sabes quién eres, siempre serás algo accidental; siempre. Tu vida será una larga serie de hechos accidentales y, suceda lo que suceda, nunca será satisfactoria. El descontento será el único sabor de tu vida.

Puedes verlo a tu alrededor. ¿Por qué tantas personas parecen tan apagadas, aburridas, simplemente pasando los días de alguna forma? Dejando pasar un tiempo tremendamente valioso que no podrán recuperar... y dejándolo pasar con tanto embotamiento, como si solo estuvieran esperando la muerte. ¿Qué les ha sucedido a tantas personas? ¿Por qué no tienen la misma lozanía que los árboles? ¿Por qué el hombre no tiene la misma canción que los pájaros? ¿Qué les ha sucedido a los seres humanos? Ha sucedido una cosa: el hombre ha estado imitando. El hombre ha estado intentando convertirse en otro. Nadie está en casa. Todos están llamando a la puerta de otro; de ahí el descontento, el embotamiento, el aburrimiento, la angustia.

Una persona inteligente tratará tan solo de ser ella misma, cueste lo que cueste. Una persona inteligente nunca copiará, nunca imitará. Nunca será un loro. Una persona inteligente escuchará su propia llamada intrínseca. Sentirá su propio ser y actuará en consecuencia, no importa el riesgo que eso entrañe.

¡Hay riesgo! Cuando copias a los demás hay menos riesgo. Cuando no copias a nadie, estás solo: ¡hay riesgo! Pero la vida solo les sucede a los que viven peligrosamente. La vida solo sucede a los que son aventureros, a los que son valientes, casi temerarios; solo a ellos les sucede la vida. La vida no les sucede a las personas tibias.

La inteligencia es confianza en tu propio ser. La inteligencia es aventura, emoción, alegría. La inteligencia es vivir en este momento,

no anhelar el futuro. La inteligencia es no pensar en el pasado y no preocuparse por el futuro; el pasado ya no existe, el futuro aún no existe. La
inteligencia es aprovechar al máximo el momento presente, que está
disponible. El futuro saldrá de él. Si este momento se ha vivido con deleite y alegría, el momento siguiente va a nacer de él. Traerá más alegría
naturalmente, pero no hay necesidad de preocuparse por él. Si mi hoy
ha sido dorado, mi mañana será aún más dorado. ¿De dónde vendrá?
Saldrá de hoy.

Si esta vida ha sido una bendición, mi vida próxima será una bendición más elevada. ¿De dónde puede venir? Saldrá de mí, de mi experiencia *vivida*. De manera que una persona inteligente no está preocupada por el cielo y el infierno, no está preocupada por la vida después de
la muerte, no está preocupada ni siquiera por Dios, no está preocupada
ni siquiera por el alma. Una persona inteligente simplemente vive inteligentemente, y Dios y el alma y el cielo y el *nirvana* vienen naturalmente.

Vives creyendo; la creencia no es inteligente. Vive sabiendo; saber es
inteligencia. Y la inteligencia es meditación.

Las personas sin inteligencia también meditan, pero, por supuesto,
meditan de una manera carente de inteligencia. Piensan que tienen que
ir a la iglesia una hora todos los domingos; esa hora hay que dársela a la
religión. Esta es una manera nada inteligente de relacionarse con la religión. ¿Qué tiene que ver la Iglesia? Tu vida verdadera está en los otros
seis días. El domingo no es tu día real. Vivirás irreligiosamente durante seis días, ¿y luego vas una hora o dos a la iglesia? ¿A quién estás tratando de engañar? Tratando de engañar a Dios con que eres devoto...

O, si pones más empeño, haces meditación transcendental todos los
días, veinte minutos por la mañana y veinte por la tarde. Te sientas con
los ojos cerrados y repites un *mantra* de una manera muy estúpida:
«Om, om, om», que te embota la mente aún más. Repetir un *mantra*
mecánicamente te quita inteligencia. No te da inteligencia, es como
una canción de cuna.

A lo largo de los siglos, las madres lo han sabido. Cuando un niño
está inquieto y no quiere dormirse, la madre le canta una canción de

cuna. El niño se siente aburrido; y el niño no puede escaparse. ¿Adónde va a ir? La madre le está sujetando en la cama. La única manera de escapar es dormirse. Así que se duerme; simplemente se rinde. Dice: «Es una tontería estar despierto ahora, porque ella va a seguir con este aburrimiento, repitiendo y repitiendo una sola línea».

Hay historias que las madres y las abuelas les cuentan a los niños cuando no se duermen. Si estudias estas historias, descubrirás un cierto patrón de repetición constante. Justo el otro día estuve leyendo una historia contada por una abuela a un niño pequeño que no quería dormirse, porque no *sentía* que entonces fuera el momento de dormir. Su inteligencia le decía que estaba perfectamente despierto, pero la abuela le estaba obligando. Ella tenía otras cosas que hacer... el niño no era importante.

Los niños están muy perplejos, todo les parece absurdo. Cuando quieren dormir por la mañana, todos quieren despertarles. Cuando no quieren dormirse, todos les obligan a dormir. Se quedan muy desconcertados. ¿Qué le pasa a esta gente? Cuando llega el sueño, bien: eso es inteligencia. Cuando no llega, es perfectamente bueno estar despierto.

De manera que aquella vieja abuela estaba contando una historia. Al principio, el niño estaba interesado, pero poco a poco... Cualquier niño inteligente se sentiría aburrido, solo un niño estúpido no se sentiría aburrido.

La historia es la siguiente:

Un hombre se duerme y sueña que está ante un gran palacio. En el palacio hay mil y una habitaciones. Así es que va de una habitación a otra —mil y una habitaciones— hasta que llega a la última. En ella hay una hermosa cama: cae sobre ella, se duerme y sueña... que está ante las puertas de un gran palacio que tiene mil y una habitaciones. Así es que entra en mil habitaciones, luego llega a la habitación mil y una. De nuevo, hay una hermosa cama, de modo que se duerme... y sueña que está ante un palacio... ¡Y así sigue!

Ahora bien, ¿durante cuánto tiempo puede permanecer alerta el niño? Simplemente por puro aburrimiento, el niño se duerme. Está diciendo: «¡Acaba de una vez!».

Un *mantra* hace lo mismo. Repites, «Ram, ram... Om, om... Alá, Alá», o cualquier cosa. Sigues repitiendo, sigues repitiendo. Estás haciendo las dos tareas: la de la abuela y la del niño. Tu inteligencia es como el niño, y tu aprendizaje del *mantra* es como la abuela. El niño trata de pararte, se interesa por otras cosas, piensa en cosas bonitas: mujeres guapas, escenas hermosas. Pero lo coges con las manos en la masa y le vuelves a llevar al «Om, om, om». Poco a poco, tu niño interno siente que es inútil luchar; el niño interno se duerme.

Sí, el *mantra* te pone a dormir de una cierta manera: es un dormir autohipnótico. No tiene nada de malo si te resulta difícil dormirte; si padeces de insomnio, es bueno. Pero no tiene nada que ver con la espiritualidad; es una forma muy poco inteligente de meditar.

Entonces ¿cuál es la manera inteligente de meditar? La manera inteligente es llevar inteligencia a todo lo que haces. Al caminar, camina inteligentemente, con consciencia. Al comer, come inteligentemente, con consciencia. ¿Te acuerdas alguna vez de comer inteligentemente? ¿Piensas alguna vez en lo que estás comiendo? ¿Es nutritivo? ¿Tiene algún valor alimenticio, o estás solo atiborrándote sin ninguna nutrición?

¿Has observado alguna vez lo que haces? Sigues fumando. Entonces es necesaria la inteligencia: ¿qué estás haciendo? Ingiriendo humo y expulsándolo, y entretanto destruyendo tus pulmones. ¿Y qué estás haciendo realmente? Despilfarrar el dinero, echando a perder tu salud. Trae tu inteligencia mientras estés fumando, mientras estés comiendo. Trae tu inteligencia cuando hagas el amor con tu mujer o tu hombre. ¿Qué estás haciendo? ¿Tienes realmente algo de amor? A veces haces el amor por costumbre. Entonces es feo, entonces es inmoral. El amor tiene que ser muy consciente, solo entonces se convierte en oración.

Mientras estás haciendo el amor con tu mujer, ¿qué estás haciendo exactamente? ¿Utilizar el cuerpo de la mujer para expulsar alguna energía que se había vuelto demasiado para ti? ¿O estás rindiéndole honores, estás amando a la mujer, sientes reverencia por la mujer?

No lo veo. Los maridos no respetan a sus esposas, las usan. Las esposas usan a sus maridos, no los respetan. Si la reverencia no surge del amor, entonces la inteligencia falta en alguna parte. De lo contrario, te sentirás tremendamente agradecido al otro, y hacer el amor será para ti una gran meditación.

No importa lo que estés haciendo, lleva a ello la cualidad de la inteligencia. Hazlo inteligentemente: eso es la meditación.

La inteligencia tiene que esparcirse por toda tu vida. No es algo de los domingos, y no puedes hacerlo durante veinte minutos y luego olvidarte de ello. La inteligencia tiene que ser como respirar. No importa lo que estés haciendo —pequeño, grande, cualquier cosa, limpiar el suelo— lo puedes hacer con inteligencia o sin inteligencia. Y sabes que cuando lo haces sin inteligencia no hay alegría: estás cumpliendo una obligación; arrastrando esa carga de alguna manera.

Sucedió en una clase de niñas de la catequesis de una iglesia. La clase estaba estudiando el amor cristiano y lo que podría significar para ellas y para sus vidas. Finalmente decidieron que el amor cristiano significaba «hacer algo amable por alguien que no te gusta». Los niños son muy inteligentes. Su conclusión es perfectamente correcta. Escúchala de nuevo. Finalmente decidieron que el amor cristiano significaba «hacer algo amable por alguien que no te gusta».

El profesor propuso que durante la semana pusieran a prueba su concepto. Cuando volvieron la semana siguiente, el profesor les pidió que le informasen. Una niña levantó la mano y dijo:

—¡Yo he hecho algo!

—¡Estupendo! ¿Qué has hecho? —preguntó el profesor.

—Bueno —dijo la chica—, en mi clase de matemáticas de la escuela hay una niña que es una pardilla...

—¿Pardilla?

—Sí, ya sabe... pardilla. Está siempre atolondrada, es torpe con las manos, es patosa, y cuando pasa por el pasillo de la escuela, todo el mundo dice: «Aquí viene otra vez esa pardilla». No tiene ningún amigo, y nadie le invita a las fiestas y, ya sabe, es simplemente pardilla.

—Creo que ya entiendo lo que quieres decir —dijo el profesor—. ¿Y qué has hecho?

—Bueno, esta niña está en mi clase de matemáticas, y lo pasa muy mal. A mí se me dan muy bien las mates, así que le ofrecí ayudarle con los deberes.

—Estupendo —dijo el profesor—. ¿Y qué ha pasado?

—Bueno, la ayudé, fue divertido y ella estaba muy agradecida, ¡pero ahora no puedo desembarazarme de ella!

Si estás haciendo algo solo por obligación —no te gusta, y lo estás haciendo por obligación— tarde o temprano quedarás atrapado en ello y te resultará difícil desembarazarte. Simplemente observa en tus veinticuatro horas cuántas cosas haces que no te aportan ningún placer, que no contribuyen a tu desarrollo. En realidad, quieres desembarazarte de ellas. Si estás haciendo demasiadas cosas en tu vida de las que en realidad quieres desembarazarte, estás viviendo de manera muy poco inteligente.

Una persona inteligente construirá su vida de manera que poseerá la poesía de la espontaneidad, del amor, de la alegría. Es tu vida, y si tú no eres lo suficientemente cariñoso contigo mismo, ¿quién va a serlo? Si tú estás desperdiciando tu vida, no es la responsabilidad de nadie más.

Yo te enseño que seas responsable contigo mismo: esa es tu primera responsabilidad. Todo lo demás viene después.

Tú eres el centro mismo de tu mundo, de tu existencia. Así que sé inteligente. Introduce la cualidad de la inteligencia. Y cuando más inteligente te vuelvas, más capaz serás de introducir inteligencia adicional en tu vida. Cada momento puede volverse tan luminoso de inteligencia... Entonces no hay necesidad de ninguna religión, no hay necesidad de meditar, no hay necesidad de ir a la iglesia, no hay necesidad de ir a ningún templo, no hay necesidad de nada extra. La vida es inteligente en su esencia. Simplemente vive totalmente, armoniosamente, con consciencia, y todo lo demás llega hermosamente por sí mismo. Una vida de celebración sigue a la luminosidad de la inteligencia.

La poesía del corazón

La inteligencia de la cabeza no es inteligencia en absoluto; es abundancia de conocimientos. La inteligencia del corazón es *la* inteligencia, la única inteligencia que hay. La cabeza es simplemente una acumuladora. Es siempre vieja, nunca es nueva, nunca es original. Es buena para ciertos propósitos: ¡para archivar es perfecta! Y en la vida se necesita eso; hay muchas cosas que recordar. La mente, la cabeza, es un bioordenador. Puedes seguir acumulando conocimientos en ella, y cuando los necesites puedes sacarlos. Es buena para las matemáticas, buena para el cálculo, buena para la vida cotidiana, para el mercado. Pero si piensas que esto es toda tu vida, entonces seguirás siendo un estúpido. Nunca conocerás la belleza de sentir y nunca conocerás las bendiciones del corazón. Nunca conocerás la gracia que desciende solo a través del corazón, la beatitud que llega solo a través del corazón. Nunca conocerás la oración, nunca conocerás la poesía, nunca conocerás el amor.

La inteligencia del corazón crea poesía en la vida, proporciona danza a tus pasos, convierte tu vida en alegría, celebración, festividad, risa. Te da sentido del humor. Te hace capaz de amar, de compartir. Eso es la verdadera vida. La vida que se vive desde la cabeza es una vida mecánica. Te conviertes en un robot; quizá muy eficiente. Los robots son muy eficientes, las máquinas son más eficientes que el hombre. Puedes ganar mucho con la cabeza, pero no *vivirás* mucho. Puede que tengas un nivel de vida mejor, pero no tendrás vida.

La vida es del corazón. La vida solo puede crecer por medio del corazón. Es en el terreno del corazón en el que crece el amor, en el que crece la vida, en el que crece el espíritu. Todo lo que es bello, todo lo que es realmente valioso, todo lo que es significativo, crucial, llega a través del corazón. El corazón es tu centro mismo, la cabeza es solo tu periferia. Vivir en la cabeza es vivir en la circunferencia sin darse cuenta nunca de las bellezas y los tesoros del centro. Vivir en la periferia es estupidez.

Vivir en la cabeza es estupidez. Vivir en el corazón y usar la cabeza cuando es necesario es inteligencia. Pero el centro, el maestro, está en el centro mismo de tu ser.

El maestro, el amo, es el corazón, y la cabeza es solo un sirviente: esto es inteligencia. Cuando la cabeza se vuelve el amo y se olvida por completo del corazón, eso es estupidez.

La elección es tuya. Recuerda, la cabeza, como esclava es estupenda, de mucha utilidad. Pero como ama es peligrosa y destruirá toda tu vida, envenenará toda tu vida. ¡Mira a tu alrededor! Las vidas de las personas están absolutamente envenenadas, envenenadas por la cabeza. No pueden sentir, ya no son sensibles, nada les emociona. Sale el sol, pero no sale nada en ellas; miran al sol con los ojos en blanco. El cielo se llena de estrellas —¡la maravilla, el misterio!— pero no se aviva nada en sus corazones, no surge ninguna canción. Los pájaros cantan; el hombre se ha olvidado de cantar. Llegan nubes al cielo y los pavos reales bailan, y el hombre no sabe bailar. Se ha vuelto un tullido. Los árboles florecen... y el hombre piensa, nunca siente, y sin sentir no es posible ningún florecimiento.

Mira, analiza, observa, vuelve a examinar tu vida. Nadie más va a ayudarte. Has dependido de los demás durante tanto tiempo; por eso te has vuelto estúpido. Ahora, estate atento; es tu responsabilidad. Te debes a ti mismo observar profunda y penetrantemente lo que estás haciendo con tu vida. ¿Hay poesía en tu corazón? Si no la hay, entonces no pierdas el tiempo. Ayuda a tu corazón a fraguar y tramar poesía. ¿Hay romance en tu vida o no? Si no lo hay, entonces ya estás en tu tumba.

¡Sal de ella! Deja que la vida tenga algo romántico, algo de aventura. ¡Explora! Millones de bellezas y esplendores te están esperando. Sigues dando vueltas y más vueltas, sin entrar nunca en el templo de la vida. La puerta es el corazón.

La inteligencia auténtica es del corazón. No es intelectual, es emocional. No es como pensar, es como sentir. No es lógica, es amor.

El amor solo está disponible para los que siguen afilando su inteligencia. El amor no es para los mediocres... el amor no es para los que no son inteligentes. Puede que una persona no inteligente se convierta en un gran intelectual. De hecho, las personas no inteligentes tratan de volverse intelectuales; esa es su manera de ocultar su falta de inteligencia. El amor no es para los intelectuales. El amor necesita un tipo de talento totalmente diferente: un corazón talentoso, no una cabeza talentosa.

El amor tiene su propia inteligencia, su propia manera de ver, percibir, su propia manera de entender la vida, su propia manera de comprender el misterio de la existencia. El poeta está mucho más cerca de ello que el filósofo. Y el místico está exactamente dentro del templo. El poeta está en las escaleras de entrada y el filósofo está simplemente fuera. Como mucho, puede acercarse al camino de acceso, pero nunca a las escaleras. Da vueltas y más vueltas. Sigue dando vueltas alrededor del templo, estudiando los muros externos del templo, y se queda tan embelesado que olvida completamente que los muros externos no son el verdadero templo, y que la divinidad está dentro.

El poeta llega a la puerta, pero la puerta es tan hermosa que se queda hipnotizado. Piensa que ha llegado: ¿qué más puede haber? El filósofo se pierde especulando qué hay dentro. Nunca va ahí, simplemente piensa, filosofa. El poeta trata de penetrar en el misterio pero se traba junto a la puerta. El místico entra en el santuario más íntimo del templo.

El camino es el amor, y el camino es una inteligencia amorosa. Cuando se unen el amor y la inteligencia, creas el espacio en el que todo lo que le es posible a un ser humano se vuelve real. Una inteligencia amorosa es lo que se necesita. La inteligencia sola se vuelve intelectual, el amor solo se vuelve sentimentalismo, pero una inteligencia amorosa nunca se vuelve intelectualidad o sentimentalismo. Te da un nuevo tipo de integridad, una nueva cristalización.

La apertura del ser

La inteligencia es simplemente la apertura del ser: la capacidad de ver sin prejuicio, la capacidad de escuchar sin interferencia, la capacidad de estar con las cosas sin ninguna idea preconcebida sobre ellas; eso es la inteligencia. La inteligencia es la apertura del ser.

Por eso es tan absolutamente diferente de la intelectualidad. La intelectualidad es justo lo contrario de la inteligencia. La persona intelectual está constantemente cargando con prejuicios, información, creencias *a priori*, conocimientos. No puede escuchar; antes de que hayas dicho nada, ya ha sacado sus conclusiones. Digas lo que digas, tiene que pasar por tantos pensamientos en su mente que para cuando le llega es algo totalmente diferente. Se produce en él una gran distorsión, y está muy cerrado, casi ciego y sordo. Todos los expertos, las personas eruditas, están ciegos.

¿Conoces la vieja historia de los cinco ciegos que van a ver un elefante?

Una profesora les estaba contando a sus estudiantes, niños y niñas pequeños, esta antigua fábula. Les contó toda la historia, luego le preguntó a un niño:

—¿Puedes decirme quiénes eran las personas que fueron a ver el elefante y luego empezaron a discutir? —Quería saber si el chico había escuchado mientras ella había contado la historia.

El niño se levantó y dijo:

—Sí, lo sé. Eran los expertos.

Ella pensaba que iba a contestar: «Eran cinco ciegos». Pero el niño dijo: «Eran los expertos». Y tiene muchísima más razón; sí, eran expertos. Todos los expertos están ciegos. Ser un experto significa que te vuelves ciego a todo lo demás. Sabes cada vez más acerca de cada vez menos, y entonces, un día alcanzas la meta suprema de saberlo todo acerca de nada. Entonces estás completamente cerrado y ni siquiera hay una ventana abierta; entonces te has quedado sin ventanas.

Esto es falta de inteligencia. La inteligencia es estar abierto al viento, la lluvia y el sol, estar abierto a todo. No cargar con el pasado es inteligencia, morir al pasado a cada momento es inteligencia, permanecer fresco e inocente es inteligencia.

Donald iba conduciendo su coche deportivo por la avenida principal cuando, de pronto, notó una luz roja intermitente detrás. Era un coche de la policía. Rápidamente, Donald aparcó a un lado.

—Agente —balbució—, solo iba a cincuenta en una zona de setenta.

—Señor —dijo el agente—, solo...

—Además —le interrumpió Donald con indignación—, ¡como ciudadano me ofende que se me asuste de esta manera!

—Por favor —continuó el agente—, cálmese, relájese...

—¡Que me relaje! —gritó Donald fuera de sí—. ¡Me va a poner una multa y quiere que me relaje!

—Señor —imploró el agente—, deme la oportunidad de hablar. *No le voy a poner una multa.*

—¿No? —dijo Donald, atónito.

—Solo quería informarle de que lleva pinchada la rueda trasera de la derecha.

Nadie está dispuesto a escuchar lo que dice el otro. ¿Has escuchado alguna vez lo que está diciendo el otro? Antes de que se diga una palabra, ya has empezado a sacar conclusiones. Tus conclusiones se vuelven inmutables; ya no eres líquido.

Volverse rígido, congelado, es volverse idiota; permanecer líquido es permanecer inteligente. La inteligencia está siempre fluyendo como un río. La falta de inteligencia es como un cubito de hielo, congelado. La falta de inteligencia siempre es consistente, porque está congelada. Está bien definida, está segura. La inteligencia es inconsistente, fluye. No tiene definición, va moviéndose según las situaciones. Es responsable, pero no es consistente.

Solo las personas estúpidas son consistentes. Cuanto más inteligente seas, más inconsistente serás... porque ¿quién sabe nada acerca de mañana? El mañana traerá sus propias experiencias. ¿Cómo vas a ser consistente con tus ayeres? Si estás muerto, serás consistente. Si estás vivo, *tienes* que ser inconsistente: has crecido, el mundo ha cambiado, el río está fluyendo en territorio nuevo.

Ayer el río pasaba por un desierto, hoy está pasando por un bosque; es totalmente diferente. La experiencia de ayer no debería volverse tu definición para siempre; de lo contrario, moriste ayer. Uno debería ser capaz de seguir avanzando con el tiempo. Uno debería seguir siendo un proceso, uno nunca debería convertirse en una cosa. Eso es la inteligencia.

2

Lo que hace estúpida a la gente

LOS MÍSTICOS HAN COMPARADO AL HOMBRE con una escalera. La escalera se puede usar para dos cosas: la puedes usar para subir, y la puedes usar para bajar. Utilizas la misma escalera para las dos cosas, solo cambia tu dirección. La escalera es la misma, pero el resultado será totalmente diferente.

El hombre es una escalera entre el cielo y el infierno. Por eso los seres humanos son los únicos que reprimen, que manipulan, que matan, que tratan de subyugar el flujo natural de la naturaleza. Solo los seres humanos son estúpidos; y eso se debe a que pueden ser budas. Es porque los seres humanos tienen inteligencia: por eso pueden ser estúpidos. Estupidez no significa ausencia de inteligencia, significa simplemente que no la has usado. Si no está presente la inteligencia, no puedes llamar estúpidos a los seres humanos. No puedes llamar estúpida a una roca: una roca es una roca, no se plantea la cuestión de la estupidez. Pero puedes llamar estúpidos a los seres humanos porque con los humanos hay esperanza, un rayo de luz. Con el ser humano se abre una puerta hacia el más allá. El hombre puede transcenderse a sí mismo y no lo está haciendo: esa es su estupidez. Puede crecer y no está creciendo, se está aferrando a todos lo tipos de inmadurez: esa es su estupidez. O empieza a proyectar al futuro, que todavía no existe: esa es su estupidez.

Deberías vivir en el presente con profunda pasión, con gran amor, con intensidad, con consciencia, y eso se convertirá en tu inteligencia.

Es la misma energía: invertida es estupidez; recomponla, ponla al derecho, y se convierte en inteligencia.

La inteligencia y la estupidez no son energías separadas. La energía
que opera en armonía es inteligencia, la misma energía operando en
contradicciones es estupidez. El hombre puede ser estúpido; pero no
pienses que eso es una desgracia. En la superficie parece que es una
desgracia, pero oculta bajo ello hay una gran gloria, un gran esplendor,
que puede descubrirse.

Pero la sociedad —lo que llamáis religiones, el Estado, la masa—
quiere que seas estúpido. Nadie quiere que seas inteligente. Todos te
condicionan para que sigas siendo estúpido toda tu vida por la sencilla
razón de que las personas estúpidas son obedientes. Las personas inteligentes empiezan a pensar por su cuenta; empiezan a convertirse en
individuos. Empiezan a tener su propia vida, su propio estilo de vida, su
propia manera de ver, de ser, de crecer. Ya no forman parte de la masa:
no pueden. Tienen que dejar atrás la masa, solo entonces pueden crecer. Y la masa se siente ofendida; la masa no quiere que nadie sea más
que la «persona corriente»: está en contra de que alguien corriente se
vuelva más inteligente, más individual, más consciente, y deje de formar parte de la psicología de la masa.

No se puede obligar a un buda a que siga a gente estúpida, y hay muchas personas estúpidas: son la mayoría, el noventa y nueve coma nueve por ciento. Tienen un gran poder de su parte, el poder de la violencia... y lo muestran siempre que es necesario.

La ley del más fuerte

El ser humano está en un dilema por la sencilla razón de que no solo es
inteligente, sino que también es consciente de su inteligencia. Esto
es algo único del hombre —su privilegio, su prerrogativa, su gloria—
pero puede convertirse muy fácilmente en su agonía. El hombre es
consciente de que es inteligente. Esa conciencia trae consigo sus propios problemas. El primer problema es que crea el ego.

El ego no existe en ninguna otra parte excepto en los seres humanos, y el ego empieza a crecer cuando crece el niño. Los padres, las escuelas, los colegios, la universidad, todos ellos ayudan a fortalecer el ego por la sencilla razón de que durante siglos el hombre tuvo que luchar para sobrevivir y la idea se ha vuelto una fijación, un profundo condicionamiento inconsciente de que solo los egos fuertes pueden sobrevivir en la lucha de la vida. La vida se ha convertido solo en una lucha por sobrevivir. Y los científicos lo han hecho aún más convincente con la teoría de «la supervivencia del más fuerte». De manera que ayudamos a todos los niños a que fortalezcan más y más su ego, y es ahí donde surge el problema.

Según el ego va fortaleciéndose, empieza a rodear a la inteligencia como una espesa capa de oscuridad. La inteligencia es luz, el ego es oscuridad. La inteligencia es muy delicada, el ego es muy duro. La inteligencia es como una rosa, el ego es como una piedra. Y si quieres sobrevivir, dicen las supuestas autoridades, tienes que volverte como una piedra, tienes que ser fuerte, invulnerable. Tienes que volverte una ciudadela, una ciudadela cerrada, para que no puedan atacarte desde el exterior. Tienes que volverte impenetrable.

Pero entonces te cierras. Entonces empiezas a morir en lo que respecta a tu inteligencia, porque la inteligencia necesita el cielo abierto, el viento, el aire, el sol, para crecer, para expandirse, para fluir. Para permanecer viva necesita un flujo constante; si se estanca se vuelve, lentamente, un fenómeno muerto.

No permitimos que los niños permanezcan inteligentes. Primero porque si son inteligentes serán vulnerables, serán delicados, serán abiertos. Si son inteligentes, serán capaces de ver muchas falsedades en la sociedad: en el Estado, en la Iglesia, en el sistema educativo. Se volverán rebeldes. Serán individuos; no se acobardarán fácilmente. Los puedes aplastar, pero no puedes esclavizarlos. Los puedes destruir, pero no puedes obligarlos a avenirse.

En un sentido, la inteligencia es muy suave, como una rosa; en otro sentido, tiene su propia fortaleza. Pero esa fortaleza es sutil, no burda. Esa fortaleza es la fortaleza de la rebelión, de una actitud inclaudicable.

Uno está dispuesto a morir, uno está dispuesto a sufrir, pero uno no está dispuesto a vender su alma.

Y toda la sociedad necesita esclavos; necesita personas que funcionen como robots, máquinas. No quiere personas, quiere mecanismos. Por eso, todo el condicionamiento se encamina a fortalecer el ego. Eso sirve para un doble propósito. En primer lugar, da a la persona la sensación de que ahora puede luchar en la vida. Y en segundo lugar, es bueno para los propósitos de todos los intereses creados. Pueden explotar a la persona; pueden utilizarla como un medio para sus propios fines.

Esa es la razón por la que todo el sistema educativo gira en torno a la idea de la ambición; crea ambición. La ambición no es otra cosa que ego. «Sé el primero, sé famoso. Sé el primer ministro o el presidente. Que se te conozca en el mundo entero, deja huella en la historia.» No te enseña a vivir con totalidad. No te enseña a amar con totalidad. No te enseña a vivir con gentileza, te enseña a explotar a los demás para tu propio beneficio. Y pensamos que las personas que son listas son las que triunfan. Son astutas, pero las llamamos listas. No son personas inteligentes.

Una persona inteligente nunca puede utilizar a otra persona como medio; respetará al otro. Una persona inteligente será capaz de ver la igualdad de todos. Sí, también verá las diferencias, pero las diferencias no importan en lo que respecta a la igualdad. Tendrá un profundo respeto por la libertad de los demás: no puede explotarlos, no puede reducirlos a cosas, no puede convertirlos en trampolines para la consecución de algún deseo absurdo de ser el primero. Por eso seguimos condicionando a los niños.

Pero antes de que suceda el condicionamiento, los niños son inmensamente inteligentes. Lo ha dicho Buda, Lao Tsé, Jesús, todos los que han despertado. Jesús dice: a no ser que seas como un niño, no hay esperanza para ti. E insiste: «A menos que os volváis como niños, no podéis entrar en el reino de los cielos». Una y otra vez repite una de sus bienaventuranzas más famosas: «Bienaventurados los últimos en este mundo, porque ellos serán los primeros en el reino de Dios». Está enseñando ausencia de ambición: ser el último. Dice: «Bienaventurados los mansos, porque ellos poseerán la tierra»; los mansos, los humildes, las personas que son las últimas en la fila. Era natural, muy natural, que la sociedad en la que nació estuviera en contra de él, porque estaba destruyendo las raíces mismas de su ambición.

Los judíos han sido un pueblo muy ambicioso, tanto que durante siglos, a toda costa, han mantenido en sus mentes la idea de que son el pueblo elegido de Dios. Les han sucedido mil y una calamidades debido a esta idea estúpida; si pueden descartarla, serán mejor aceptados en el mundo. Pero no pueden descartarla: todo su ego está en ella. Y es un ego antiguo, de al menos tres mil años de antigüedad. Desde Moisés han llevado en la cabeza la idea de que son el pueblo elegido de Dios. Y viene este hombre que dice: «¡Sed los últimos!». Se supone que somos los primeros, y él dice: «¡Sed humildes y mansos!». ¡Y somos el pueblo elegido! ¡Si somos humildes y mansos, los que no son los elegidos serán los primeros! Y los judíos son gente muy terrenal; no se preocupan mucho por el otro mundo. Son mundanos: «¿Quién sabe nada del otro mundo? Él dice, que si eres el último en la tierra serás el primero en el reino de los cielos. Pero ¿dónde está el reino de Dios? Puede que sea solo una ficción, solo un sueño».

Jesús parece un soñador, un poeta quizá. Pero está destruyendo su base misma. No pueden perdonarle; ni siquiera le han perdonado todavía. Aún llevan la idea de que «somos el pueblo elegido». Han sufrido mucho por ella; cuanto más han sufrido, más fuerte se ha vuelto la idea, porque si tienes que afrontar el sufrimiento, tienes que hacerte cada vez más egoísta, más como una roca para poder luchar, forcejear, para que nadie pueda destruirte. Pero también se han vuelto muy cerrados.

Jesús estaba creando una abertura para ellos; lo rechazaron. Les estaba diciendo que salieran al cielo abierto. Les estaba diciendo que fueran simplemente corrientes: «Abandonad esa tontería de ser especiales». Si hubieran escuchado a Jesús, toda la historia de los judíos habría sido diferente, pero no podían escuchar.

Los hindúes no escucharon a Buda por la misma razón: los hindúes también tienen la idea de que son la gente más santa del mundo y que su tierra es la más sagrada. ¡Incluso los dioses anhelan nacer en la India! Ningún otro país es tan sagrado. Y Buda dijo: «¡Eso es una tontería!». Tenían que rechazarle. El budismo fue erradicado de la India. Ninguna sociedad puede tolerar a semejantes personas, que dicen la verdad, porque parece que sabotean la estructura misma de las cosas.

Pero ahora ha llegado el momento en que ya hemos sufrido suficiente. Por todo el mundo, de maneras diferentes, la gente ha sufrido mucho, y es hora de contemplar la historia, su estupidez y su ridiculez y desechar totalmente la idea de estos patrones egoístas.

Observa a los niños y verás su inteligencia. Es cierto que no son eruditos. Si quieres que sean eruditos, no pensarás que son inteligentes. Si les haces preguntas que dependen de tener información, entonces no parecerán inteligentes. Pero hazles preguntas *reales*, que no tengan nada que ver con la información, que necesiten una respuesta inmediata, y observa: son mucho más inteligentes que tú. Por supuesto, tu ego no te permitirá aceptarlo, pero si puedes aceptarlo, eso ayudará tremendamente. Te ayudará a ti, les ayudará a tus hijos, porque si puedes ver su inteligencia, puedes aprender mucho de ellos.

Aunque la sociedad destruye tu inteligencia, no puede destruirla totalmente; tan solo la cubre de muchas capas de información. Y toda la función de la meditación es llevarte más profundamente dentro de ti mismo. Es un método para ahondar en tu propio ser hasta llegar a las aguas vivas de tu propia inteligencia, hasta descubrir las fuentes de tu propia inteligencia. Cuando hayas descubierto de nuevo al niño en ti, cuando hayas renacido, entonces, solo entonces comprenderás por qué los budas han recalcado una y otra vez que los niños son realmente inteligentes.

Empieza a observar a los niños, sus respuestas; no sus contestaciones, sino sus respuestas. No les hagas preguntas tontas, pregúntales algo inmediato que no dependa de la información y observa su respuesta.

La madre estaba preparando a Pedrito para ir a una fiesta. Cuando acabó de cepillarle el pelo, le enderezó el cuello de la camisa y le dijo:

—Ya puedes ir, hijo. Diviértete... ¡y pórtate bien!

—¡Venga, mamá! —dijo Pedro—. ¡Por favor, decide antes de que me vaya cuál de las dos cosas quieres!

¿Lo ves? La respuesta del niño tiene realmente un valor tremendo. Dice: «Por favor, decide antes de que me vaya cuál de las dos cosas quieres. Si me dejas divertirme, no puedo portarme bien; si quieres que me porte bien, no puedo divertirme». El niño ve la contradicción muy claramente; puede que no estuviera tan claro para la madre.

Un transeúnte le preguntó a un chico:

—Hijo, ¿me puedes decir, por favor, qué hora es?

—Sí, por supuesto —contesta el chico—, pero ¿para qué quiere saberlo? ¡Siempre está cambiando!

Pusieron una nueva señal de tráfico enfrente de la escuela. Decía: «Conduzca despacio. ¡No mate a un estudiante!».

Al día siguiente, había otro rótulo debajo garabateado con letra infantil: «¡Espere a que pase el profesor!».

El pequeño Pierino vuelve a casa de la escuela con una gran sonrisa en la cara.

—Bueno, cariño, pareces muy feliz. Así que te gusta la escuela, ¿no?

—No seas tonta, mamá —responde el niño—. ¡No hay que confundir el ir con el venir!

El padre estaba contándoles historias a sus hijos en la sala de estar después de cenar.

—Mi tatarabuelo luchó en la guerra contra Rosas, mi tío luchó en la guerra contra el káiser, mi abuelo luchó en la guerra civil española contra los republicanos y mi padre luchó en la Segunda Guerra Mundial contra los alemanes.

A lo que el hijo menor respondió:

—¿Qué le pasa a esta familia? ¡No se pueden llevar bien con nadie!

El esfuerzo por ser eficiente

Te sorprenderá saber que vuestras escuelas, colegios y universidades no existen, en realidad, para ayudarte a ser inteligente; no, en absoluto. He tenido relación con universidades como estudiante y luego como profesor, durante muchos años. Conozco la estructura interna de vuestro sistema educativo. No está interesado en crear inteligencia en la gente. Por supuesto, quiere crear eficiencia; pero la eficiencia no es inteligencia, la eficiencia es mecánica. Un ordenador puede ser muy eficiente, pero un ordenador no es inteligente.

No pienses nunca que inteligencia y eficiencia son sinónimos. La inteligencia es un fenómeno totalmente diferente. La eficiencia no es inteligencia, es habilidad mecánica. Las universidades se ocupan de crear eficiencia para que podáis ser mejores oficinistas, mejores burócratas, mejores administradores. Pero no se ocupan de crear inteligencia; de hecho, están en contra de la inteligencia. Toda la estructura de vuestro sistema educativo en todo el mundo es para hacer que seáis cada vez más capaces de memorizar cosas.

La memoria es un bioordenador. La inteligencia es un fenómeno totalmente diferente. La inteligencia surge de la meditación, la inteligencia surge de la rebelión. La inteligencia no surge de la memoria. Pero vuestros exámenes solo se interesan en vuestra memoria. Quien tenga mejor memoria es considerado más inteligente. Pero sucede muchas veces que personas estúpidas tienen una memoria estupenda, y personas inteligentes no son tan buenas en lo que respecta a la memoria.

Thomas Edison no era bueno en lo que respecta a la memoria. Inventó cientos de aparatos científicos; nadie antes que él había inventado tantas cosas. Ya la cantidad de sus invenciones es enorme, increíble. Puede que no seas consciente de que usas los inventos de Edison todos los días: el tocadiscos, la radio, la bombilla eléctrica, el ventilador, el bafle... todas estas cosas provienen de la creatividad de una sola persona, Edison. Pero su memoria era pésima, muy torpe; tanto que una vez se olvidó incluso de su propio nombre... ¡lo que es realmente dificilísimo! Es casi imposible olvidar el propio nombre. Si puedes olvidar tu propio nombre, puedes olvidar cualquier cosa. Consiguió hacer lo menos probable.

En la Primera Guerra Mundial, se creó el racionamiento por primera vez en América, y él estaba en la fila para obtener su cartilla de racionamiento. Poco a poco, fue acercándose a la ventanilla. Entonces, la última persona delante de él se fue y gritaron su nombre: «¡Thomas Alva Edison!». Él miró a su alrededor como si estuvieran llamando a otro; miró por toda la fila... Un hombre le reconoció y dijo:

—Que yo sepa, *usted* es Thomas Alva Edison. ¿Por qué está mirando aquí y allá?

—¡Tiene razón! ¡Lo había olvidado completamente! Muchas gracias por recordármelo. Sí, yo soy Thomas Alva Edison —respondió.

Su mujer tenía que mantenerlo todo en orden, porque su habitación era un caos constante: miles de papeles, ensayos de investigación, y cada vez que quería encontrar algo tardaba días en conseguir descubrir dónde estaba. Se olvidaba continuamente de todo. Podía haber inventado algo y empezaba a inventarlo de nuevo. Y su mujer le recordaba: «¡Eso ya lo has hecho! ¡Ya está en el mercado!».

Solía guardar papeles sueltos por todas partes, y no dejaba de escribir todo lo que se le ocurría. Luego esos papeles sueltos se perdían por aquí y por allá. Su mujer le propuso:

—Sería mejor que tuvieras un cuaderno de apuntes.

—¡Qué buena idea! ¿Cómo no se me ha ocurrido a mí? —dijo. ¡Pero luego perdió el cuaderno! Y comentó:

—Mira lo que ha pasado por seguir tu consejo. Por lo menos, con los papeles sueltos había una cosa buena: de vez en cuando perdía algunas notas, pero no todas. ¡Ahora he perdido todas mis notas!

Albert Einstein no era un hombre de buena memoria. Suspendió muchos exámenes en la escuela simplemente porque no podía memorizar nada. El más grande de los matemáticos de todos los tiempos, y de los tiempos venideros, era incapaz de contar pequeñas cantidades de dinero. Tenía que contar una y otra vez. Una vez estaba viajando en un autobús. Le dio algo de dinero al cobrador, que le devolvió las vueltas. Las contó una vez, dos veces, tres veces, y cada vez el resultado era diferente, de modo que empezó a contar por cuarta vez.

El cobrador estaba mirando y dijo:

—¿Qué le pasa? ¿No sabe los números? Ha contado tres veces, ¡y ahora está contando por cuarta vez! ¿No sabe contar las vueltas?

—Sí, las matemáticas se me dan muy mal —repuso el sabio.

Este hombre que había resuelto las matemáticas más complejas posibles era incapaz de contar pequeñas cantidades de dinero. Entraba en su cuarto de baño y no salía durante horas, porque olvidaba dónde estaba, y que debería salir. Uno de mis amigos, el doctor Ram Manohar Lohia, fue a verle. Me contó: «¡Tuve que esperar seis horas, porque estaba en el baño! Y su mujer seguía disculpándose una y otra vez; decía: "Está en el baño, todavía está en el baño". Yo le preguntaba: "Pero ¿qué está haciendo en el baño?". Su mujer me repuso: "No se sabe... pero si se le molesta, se enfada muchísimo, ¡empieza a tirar cosas! Pero siempre se olvida; cuando entra ahí se olvida de salir. Ahora tenemos que esperar hasta que salga. Cuando empiece a tener hambre o sed o algo, entonces se acordará". Insistí: "Pero ¿qué está haciendo ahí?". Y su mujer me dijo: "Yo también he sentido curiosidad durante todos estos años. Al principio solía mirar furtivamente por el ojo de la cerradura: ¿qué está haciendo? ¡Se sienta en la bañera y juega con las pompas de jabón! Cuando le pregunté: '¿Qué estás haciendo?', me dijo: 'No me molestes; no me molestes nunca, porque jugando con las pompas he descubierto la teoría de la relatividad. Jugando con las pompas he llegado a comprender que el universo se está expandiendo como una pompa de jabón. Sigue expandiéndose y un día reventará: ¡como una pompa de jabón!'"».

Si miras a lo largo de los siglos, encontrarás miles de genios con muy mala memoria y miles de personas que tenían una memoria tremenda pero nada de inteligencia; porque la memoria y la inteligencia vienen de fuentes diferentes. La memoria forma parte de la mente; la inteligencia forma parte de la *no* mente. La inteligencia forma parte de tu consciencia, y la memoria forma parte de tu cerebro. El cerebro puede ser adiestrado; eso es lo que siguen haciendo las universidades. Todos vuestros exámenes son pruebas para tu memoria, no para tu inteligencia. Las universidades te dan la impresión errónea: como si la memoria fuera inteligencia. No lo es.

Todo este sistema educativo existe para destruir la inteligencia o para desviarte de la inteligencia hacia la memoria. La memoria es útil, práctica. La inteligencia es peligrosa; no tiene ninguna utilidad para el *statu quo*, no tiene ninguna utilidad para los intereses creados. Las personas inteligentes siempre han resultado ser personas difíciles simplemente debido a su inteligencia. No pueden doblegarse ante ninguna estupidez. Y nuestra sociedad está llena de supersticiones, estupideces; prevalece todo tipo de tonterías en nombre de la religión, en nombre de la política, en nombre de la literatura, del arte.

Represión y manipulación

Se distrae, se desvía a cada niño. Por eso hay tanta estupidez. Es realmente un milagro que unas pocas personas hayan escapado de esta prisión: Buda, Zaratustra, Lao Tsé, Jesús, Pitágoras... muy pocas personas. Es casi imposible escapar de esta prisión porque la prisión está en todas partes, y empieza desde el principio mismo. Desde tu misma infancia, se te condiciona para ser un prisionero: un cristiano, un hindú, un musulmán... todas ellas son prisiones. Y cuando sois prisioneros de las iglesias, las naciones, las razas, entonces naturalmente va a haber violencia.

Ningún animal es tan violento como el hombre. Los animales matan solo cuando tienen hambre, de lo contrario, no. El hombre es el
único animal que disfruta matando sin razón, como si matar fuese de
por sí una actividad gozosa.

Un día entraron en un restaurante un león y una liebre. El gerente se
quedó perplejo; no daba crédito a sus ojos. Se hizo un gran silencio en
el restaurante. Había allí mucha gente comiendo, hablando, cotillean-
do; todos quedaron completamente en silencio. ¿Qué estaba pasando?
El gerente se acercó rápidamente a los nuevos clientes. De alguna manera, el gerente se las arregló para balbucir a la liebre.

—¿Qué desea el señor?

La liebre pidió café. El gerente preguntó:

—¿Y qué deseará su amigo?

La liebre se rió y dijo:

—¿Cree usted que si él tuviese hambre iba a estar yo aquí? No tiene
hambre, ¡de lo contrario me habría comido como desayuno y yo no estaría aquí! Solo podemos estar juntos cuando no tiene hambre.

Un león no mata si no tiene hambre. Solo el hombre mata sin ninguna razón en absoluto; por ideas estúpidas. Se puede entender; si alguien está hambriento, se puede entender. Pero no se puede entender
Hiroshima y Nagasaki, destruir a cien mil personas en tres minutos,
simplemente por la mera alegría de la destrucción.

Esto está sucediendo porque no hemos permitido que florezca la inteligencia del hombre. Y cuando ha sucedido en alguna sociedad que se
ha dado un poco de libertad a la inteligencia, esa sociedad se ha vuelto
más débil que otras sociedades. Sucedió en la India: la India permaneció esclava durante dos mil años por muchas razones. Una de las razones fue la gran revolución que trajeron Krisna, Patanjali, Saraha, Mahavira, Buda. Estas personas trajeron una revolución tal, un cambio
tan radical en la consciencia de la India, que muchas personas quedaron liberadas de la esclavitud de la estupidez; se liberó una gran inteligencia. El resultado fue que las personas inteligentes dejaron de matar,

se hicieron no violentas; se negaron a ser alistadas en el ejército. Los budistas y los jainistas se negaron a ser alistados, los brahmines se negaron a ser alistados. Ellos eran la flor y nata, y la flor y nata se negó a luchar. Entonces, países muy estúpidos y pueblos muy ordinarios —los hunos, los turcos, los mongoles, que estaban retrasados en todas las vertientes posibles— invadieron el país. Y como las personas más inteligentes de la generación joven ya no estaban interesadas en matar y en la violencia, no hubo resistencia, no hubo lucha. Esos pueblos conquistaron el país; un gran país fue conquistado por países muy pequeños. Durante dos mil años, India permaneció en la esclavitud por esa sencilla razón.

Lo mismo sucedió en Atenas. Sócrates, Platón, Aristóteles, Pitágoras, Heráclito... estas fueron las personas que liberaron gran inteligencia, y se creó un ambiente de libertad, de pensamiento libre. Fue uno de los fenómenos más hermosos que ha sucedido en la Tierra, y fue destruido por pueblos estúpidos que rodeaban la civilización. Toda la civilización griega desapareció.

Mi propia sugerencia es que, a menos que creemos un gobierno mundial, la inteligencia no puede ser permitida. Ha llegado el momento de un gobierno mundial. Los gobiernos nacionales ya no son necesarios, solo un gobierno mundial. Y si hay un gobierno mundial, tendrá una cualidad totalmente diferente.

Los ejércitos serán reducidos, porque no habrá contra quién luchar. Hoy día, el setenta por ciento del dinero, de la riqueza, de los recursos del mundo va a las fuerzas armadas y al armamento: ¡el setenta por ciento! Solo el treinta por ciento se deja para otros propósitos. Eso significa que el setenta por ciento de nuestra energía se dedica a matar, a ser violentos, a ser destructivos.

Un gobierno mundial es una absoluta necesidad para salvar a la humanidad. Su cualidad será totalmente diferente, porque no necesitará grandes ejércitos; bastarán pequeñas fuerzas de policía. Se ocupará de todas las cosas, como las oficinas de correos, los trenes, los aviones, etcétera; pero estas cosas no son destructivas, prestan servicios a la gente. Y una vez que los ejércitos desaparezcan del mundo, se liberará una gran inteligencia; porque el ejército destruye la inteligencia. Recluta a las personas más sanas y destruye sus mentes, porque un soldado auténtico solo es posible si la persona se vuelve absolutamente mecánica.

El hombre mata sin razón. El hombre intenta reprimir en vez de comprender, de manipular en vez de relacionarse, porque para relacionarse con alguien se necesita mucha comprensión.

La manipulación no necesita comprensión. La represión es fácil, muy fácil; cualquier tonto puede hacerla. Por eso, si vas a los monasterios encontrarás todo tipo de represiones y encontrarás a todo tipo de tontos reunidos allí. Nunca me he topado con monjes o monjas inteligentes; si son inteligentes, dejarán de ser monjes y monjas. Abandonarán esas tonterías, saldrán de sus prisiones supuestamente religiosas. Pero la represión no requiere ninguna sabiduría; requiere simplemente un ego poderoso, para poder seguir reprimiéndolo todo en el inconsciente. Pero todo lo que reprimes tendrá que ser reprimido una y otra vez... y, sin embargo, nunca será eliminado. Se volverá cada vez más poderoso según vayas envejeciendo, porque te volverás más débil. El represor se volverá más débil y lo reprimido permanecerá fresco y joven, porque nunca ha sido usado.

El verdadero problema surge en la vejez, cuando la represión empieza a explotar y a crear todo tipo de fealdades. Son cinco mil años de represión los que están creando toda tu neurosis, todas tus perversiones. Reprime el sexo y te volverás más sexual; toda tu vida estará coloreada por el sexo. Pensarás siempre desde el punto de vista de la sexualidad y nada más. Reprime el sexo y surgirá la fea institución de la prostitución, *tiene* que surgir. Cuanto más represiva sea una sociedad, más prostitutas encontrarás allí; la proporción es siempre la misma. Podéis contar vuestras monjas y monjes y, contándolos, sabréis cuántos prostitutos y prostitutas habrá en el país. Será exactamente el mismo número, porque la naturaleza mantiene un equilibrio. Y las perversiones... porque la energía sexual encontrará sus caminos, sus propios caminos. O creará neurosis o creará hipocresía. Ambos son estados enfermos. Los pobres se volverán neuróticos y los ricos se volverán hipócritas.

Se dice que cuando Moisés en su furia hizo pedazos las tablas de los Diez Mandamientos, todo el mundo corrió a coger un trozo.

Por supuesto, los ricos y los políticos fueron los primeros. Cogieron todos los trozos buenos en los que estaba inscrito, «cometerás adulterio», «mentirás», «robarás». Los pobres y todos los demás cogieron solo los trozos que decían: «No», «No».

La represión crea astucia. Pierdes autenticidad, pierdes naturalidad, espontaneidad. Pierdes la verdad. Empiezas a mentir a los demás, empiezas a mentirte a ti mismo. Empiezas a encontrar maneras en las que mentir y seguir mintiendo. Y una sola mentira necesitará otras mil y una mentiras para protegerla, para apoyarla.

El pecado de la desobediencia

Se dice que cuando Henry Thoreau salió de la universidad, Emerson dio una gran fiesta para celebrar la ocasión. Y les dijo a los participantes: «Estoy dando esta fiesta, no porque Thoreau haya alcanzado grandes conocimientos en la universidad, sino porque ha sido capaz de volver de la universidad y todavía es inteligente. La universidad no ha logrado destruir su inteligencia. La universidad ha fracasado, ¡por eso estoy dando esta fiesta! Respeto a este joven por la sencilla razón de que ha escapado de toda la estrategia astuta que es nuestra educación».

Inteligencia significa simplemente la habilidad de responder, porque la vida es un flujo. Tienes que ser consciente y ver lo que se requiere de ti, cuál es el reto de la situación. La persona inteligente se comporta con arreglo a la situación, y el estúpido se comporta con arreglo a respuestas prefabricadas. Que esas respuestas vengan de Buda, Cristo o Krisna, eso no importa; siempre lleva consigo «escrituras». Tiene miedo de depender de sí mismo. La persona inteligente depende de su propio entendimiento. Confía en su propio ser. Se ama y se respeta a sí misma. La persona no inteligente respeta a otros.

Y puedes entender el motivo: ¿por qué les interesa a los intereses creados producir estupidez? Porque esa es la única manera en que pueden conseguir que se les respete. Ningún padre quiere realmente que sus hijos sean inteligentes, porque si los hijos son inteligentes son también rebeldes; son también desobedientes. Te han impuesto la obediencia como un gran valor: no lo es. Es una de las causas básicas de la destrucción de tu inteligencia.

No estoy diciendo que seas desobediente. Digo simplemente que cuando sientas que tienes que ser obediente, sé obediente; cuando sientas que tienes que ser desobediente, sé fiel a ti mismo. Tu única responsabilidad es contigo mismo, no con nadie más.

Una persona inteligente se arriesga. Estará dispuesta a morir antes que hacer concesiones. Por supuesto, no luchará por cosas innecesarias, no luchará por cosas secundarias; pero en lo referente a lo esencial no será obediente.

Pero tú has obedecido incluso en las cosas esenciales. ¿Qué es tu creencia en Dios? Simplemente has obedecido a otros. ¿Qué sabes *tú* de Dios? Simplemente has obedecido; has seguido a tus padres, y ellos siguieron a los suyos. Los padres son felices con los hijos faltos de inteligencia porque estos son obedientes; *tienen* que ser obedientes. Los niños se dan cuenta de una cosa, que hagan lo que hagan va a estar mal, de modo que es mejor escuchar el consejo de los padres.

Durante miles de años, toda sociedad les ha estado diciendo a los niños: «Respetad a vuestros padres», porque les tienen miedo: puede que no respeten a sus padres. Y yo no estoy diciendo que faltéis al respeto a vuestros padres. Digo simplemente que el primer respeto te lo debes a ti mismo. A través de ese respeto, puedes respetar a tus padres, a tus profesores... puedes respetar a todo el mundo. Pero si no te respetas a ti mismo, tu respeto por cualquier otro será falso; en el fondo, habrá odio. Todo niño odia a sus padres... en el fondo siente: «Los padres son mis enemigos». Se da cuenta de que están lisiando su inteligencia.

Después de llevar a la cama a sus dos hijos una noche, una joven madre se puso una blusa andrajosa y un par de pantalones viejos y comenzó a lavarse el pelo. Mientras se ponía el champú, oía que los niños estaban cada vez más descontrolados y ruidosos. Acabando lo más rápido que pudo, se envolvió la cabeza con una toalla grande, entró precipitadamente en la habitación de los niños y los volvió a meter en la cama con una advertencia severa de que se quedasen allí. Cuando salió, oyó que su hijo de dos años le decía a su hermana con voz temblorosa: «¿Quién era *eso*?».

¡Esto es inteligencia!

Pero la sociedad no está interesada en personas inteligentes. No está interesada en personas que buscan, está interesada en soldados. Quiere crear soldados. Y a menos que seas estúpido, no puedes ser un buen soldado. En lo que respecta a ser soldado, cuando mayor sea tu estupidez, mejor.

Cuando el último soldado estaba a punto de saltar del avión, le entró el pánico, se agarró a su sargento y dijo:

—¿Qué pasa si mi segundo paracaídas tampoco se abre?

—No te preocupes —dijo el sargento con una sonrisa—. ¡Simplemente vuelve y yo te daré otro!

La vida es un hermoso viaje si es un proceso de aprendizaje, de exploración continuos. Entonces hay entusiasmo en todo momento, porque en todo momento estás abriendo una nueva puerta, en todo momento estás entrando en contacto con un nuevo misterio.

La palabra *discípulo* significa el que aprende, y *disciplina* significa el proceso de aprendizaje. Pero la palabra ha sido prostituida. Ahora «disciplina» significa obediencia. Han convertido el mundo entero en un campamento de *boy scouts*. Allá en lo alto hay alguien que sabe: tú no necesitas aprender, simplemente tienes que obedecer. Han transformado el significado de «disciplina» en su mismo contrario.

Aprender consiste automáticamente en dudar, en cuestionar, en ser escéptico, en ser curioso; desde luego, no en ser un creyente, porque alguien que cree nunca aprende. Pero han utilizado la palabra de este modo durante miles de años. Y no es solo una palabra lo que han prostituido, han prostituido muchas palabras. Palabras hermosas se han vuelto tan feas en manos de los intereses creados que ni siquiera puedes imaginar el significado original de la palabra... miles de años de mal uso.

Quieren que todo el mundo sea disciplinado de la manera en que la gente es disciplinada en el ejército. Te dan órdenes y tienes que hacerlo sin preguntar por qué. ¡Esta no es la manera de aprender! Y desde el mismo principio han impuesto historias en la mente de la gente; por ejemplo, que el primer pecado cometido fue la desobediencia. Adán y Eva fueron expulsados del Paraíso porque desobedecieron.

Lo he contemplado de miles de maneras, pero no veo que Adán y Eva cometieran ningún pecado ni ningún crimen. Simplemente estaban explorando. Estás en un jardín y empiezas a explorar las frutas y las flores y lo que es comestible y lo que no es comestible.

Y Dios es responsable, porque les prohibió un árbol. Se los mostró: «No debéis acercaros a este árbol. Es el árbol de la ciencia del bien y del mal». Piensa tan solo, si fuerais Adán y Eva: ¿no estaba Dios mismo tentándoos para que fuerais a él? Era el árbol de la sabiduría; ¿por qué tenía Dios que estar en contra? Si realmente era un padre, alguien que os quería, podría haberlo señalado diciendo: «Porque el día que comas de él morirás sin remedio» (Gen. 2,17). ¡Pero este árbol es perfectamente bueno! Comed todo lo que queráis, porque ser sabio es absolutamente bueno.

Todo padre querría que sus hijos tuvieran sabiduría. Este padre parece no tener nada de amor. No solo sin amor, sino, como el diablo le dijo a Eva: «Os ha prohibido este árbol. ¿Sabes la razón? La razón es que si coméis de él seréis como dioses, y está celoso. No quiere que os hagáis divinos. No quiere que os volváis dioses, llenos de sabiduría».

No me parece que el argumento del diablo tenga ningún defecto. Es absolutamente correcto. De hecho, él es el primer benefactor de la humanidad. Sin él, quizá no habría existido la humanidad; ni el Buda Gautama, ni Kabir, ni Zaratustra, ni Lao Tsé... solo búfalos y monos, todos comiendo hierba, mascando hierba con complacencia. ¡Y Dios habría sido muy feliz, ya que sus hijos son muy obedientes!

Pero esta obediencia es veneno, puro veneno. El diablo debe ser considerado el primer revolucionario del mundo, y el primer hombre que pensó desde el punto de vista de la evolución, de la sabiduría, de la vida eterna.

Tan solo cumplía órdenes

En el mundo entero, en todo ejército, están convirtiendo a millones de personas en máquinas; por supuesto, de una manera tal que no comprendes lo que pasa. Su metodología es muy indirecta.

¿Qué significa que miles de personas vayan marcando el paso todas las mañanas, obedeciendo órdenes: «Derecha, izquierda, hacia delante, hacia atrás, ¡ar!»? ¿Para qué continúa todo este circo? Y lo hace desde muchos años atrás.

Esto es para destruir tu inteligencia. Durante años, obedeces continuamente todo tipo de estupideces sin sentido, todos los días por la mañana, todos los días por la tarde... y no debes preguntar por qué. Simplemente tienes que hacerlo, tienes que hacerlo lo más perfectamente que puedas; no hay necesidad de que comprendas por qué. Y cuando una persona pasa por semejante adiestramiento durante años, el efecto natural es que deja de preguntar por qué.

La actitud cuestionadora es la base misma de toda inteligencia. En el momento que dejas de preguntar por qué, has dejado de crecer en lo que respecta a la inteligencia.

Sucedió en la Segunda Guerra Mundial...

Un militar retirado... había combatido en la Primera Guerra Mundial y le habían condecorado; era un hombre valiente. Y ahora habían pasado casi veinticinco años. Tenía una pequeña granja y vivía calladamente.

Iba de la granja a su casa con un balde lleno de huevos, y varias personas en un restaurante, jocosamente, le gastaron una broma al pobre anciano militar. Uno de los hombres en el restaurante gritó: «¡Firmes! ¡Ar!», y el hombre soltó el balde y se puso en posición de firmes.

Habían transcurrido veinticinco años desde que había pasado por la instrucción. Pero la instrucción se le había metido en los huesos, en la sangre, en la médula; se había vuelto parte del inconsciente. Se olvidó completamente de lo que estaba haciendo; actuó casi de forma automática, mecánicamente.

Se enfadó mucho. Pero aquella gente le dijo:

—Su enfado no está justificado, porque nosotros podemos gritar cualquier palabra que queramos. ¿Quién le está diciendo que la obedezca?

—Es demasiado tarde para mí para decidir si obedecerla o no. Toda mi mente funciona como una máquina. Esos veinticinco años simplemente desaparecieron. «Firmes» solo significa «firmes». Me habéis hecho romper los huevos, y soy un hombre pobre... —repuso.

Esto se está haciendo en el mundo entero. Y no solo hoy día; desde el principio, los ejércitos han sido adiestrados para no usar la inteligencia y obedecer órdenes.

Tienes que entender algo muy claramente: Obedecer una orden y comprender algo son dos cosas diametralmente opuestas. Si, al entender, tu inteligencia se siente satisfecha y haces algo partiendo de eso, no estás siguiendo una orden externa; estás siguiendo a tu propia inteligencia.

Recuerdo otro incidente de la Primera Guerra Mundial. En Berlín fue alistado un profesor de lógica. Había escasez de soldados, y se pidió a todos los que fuesen físicamente capaces que se presentasen voluntarios. De lo contrario, obligaban a la gente a ir al ejército. Todas las sociedades, todas las culturas, han dado por supuesto que los individuos existen para ellas, no viceversa.

Para mí, la realidad es justo lo contrario: la sociedad existe para el individuo, la cultura existe para el individuo, la nación existe para el individuo. Todo lo demás se puede sacrificar, pero el individuo no puede ser sacrificado por nada. La individualidad es el florecimiento mismo de la existencia; nada es más elevado. Pero ninguna cultura, ninguna sociedad, ninguna civilización está dispuesta a aceptar una simple verdad.

Obligaron al profesor a alistarse como voluntario en el ejército. Dijo: «No soy alguien que pueda luchar. Puedo argumentar, soy un experto en lógica. Si necesitáis a alguien para debatir con los enemigos, estoy dispuesto, pero luchar no es lo mío. Luchar es bárbaro».

Pero nadie le escuchó, y al fin le llevaron al patio de armas. Empezó la marcha, y el comandante dijo: «Izquierda, ¡ar!». Todos giraron a la izquierda, pero el profesor permaneció parado como estaba.

El comandante se preocupó un poco: «¿Qué pasa? Quizá este hombre está sordo». Así es que gritó muy alto: «¡Vuelvan a girar a la izquierda!». Todos giraron a la izquierda, pero el profesor permaneció parado como si no hubiese oído nada. Adelante, hacia atrás... se dieron todas las órdenes y todo el mundo obedeció. Ese hombre permaneció parado en su sitio.

Era un profesor muy conocido; incluso el comandante le conocía. No le podía tratar igual que a cualquier otro soldado; le tenía un cierto respeto. Al final, cuando acabó la marcha y todos volvieron a la misma hilera en la que habían empezado, el comandante se acercó al profesor y le preguntó:

—¿Tiene algún problema en los oídos? ¿No puede oír?

—Oigo bien —repuso.

—Entonces —dijo el comandante—, ¿por qué permanece parado? ¿Por qué no obedece las órdenes?

—¿Con qué fin? Si al final todos tenían que volver al mismo sitio, después de todos esos movimientos hacia delante y hacia atrás, a la derecha y a la izquierda, ¿qué han ganado?

—¡No es cuestión de ganar, es cuestión de adiestramiento! —gritó el comandante.

—No necesito ningún adiestramiento. Hay que volver al mismo sitio después de hacer todo tipo de estupideces cuya utilidad no comprendo. ¿Me puede explicar por qué tengo que girar a la izquierda en vez de a la derecha?

—Qué extraño, ningún soldado hace semejantes preguntas.

—Yo no soy soldado, soy profesor. Me han obligado a estar aquí, pero no se me puede obligar a hacer cosas que son contrarias a mi inteligencia —acotó el profesor.

El comandante fue a las autoridades superiores y dijo:

—¿Qué debo hacer con este hombre? Puede que eche a perder a otra gente... porque todos se ríen de mí, y todos dicen: «¡Muy bien, profesor!». No puedo enfrentarme a ese hombre. Hace tales preguntas... y hay que explicárselo todo: «A menos que lo comprenda, a menos que mi inteligencia lo respalde, no voy a hacerlo».

—Conozco a ese hombre —dijo el superior—. Es un gran lógico. Toda su formación en la vida es para cuestionarlo todo. Yo me ocuparé de él, no se preocupe.

Llamó al profesor a su oficina y le dijo:

—Lo siento, pero no podemos hacer nada. Ha sido reclutado; el país necesita soldados. Pero le daré algún trabajo que no le cree dificultades y que no cree dificultades para los demás. Venga conmigo a la cocina.

—Llevó allí al profesor y le enseñó un gran montón de guisantes. Le dijo al profesor—: Siéntese aquí. Puede separar los guisantes grandes a un lado y los guisantes pequeños al otro. Volveré en una hora para ver cómo van las cosas.

Volvió en una hora. El profesor estaba allí sentado y los guisantes también seguían en el mismo sitio. Le dijo:

—¿Qué pasa? Ni siquiera ha comenzado.

—Por primera y última vez —repuso el profesor— quiero que todos comprendan que a menos que me expliquen... ¿Para qué voy a separar los guisantes? Mi inteligencia se siente insultada por ustedes. ¿Soy un idiota, para separar guisantes? ¿Qué necesidad hay? Además, hay otras dificultades. Sentado aquí, he pensado que quizá podría haber alguna necesidad, pero hay cuestiones que hay que decidir: hay guisantes que son grandes y hay guisantes que son pequeños, pero hay guisantes de muchos otros tamaños. ¿Dónde tienen que ir? No me ha dado ningún criterio.

Órdenes, disciplinas, pautas... han sido utilizadas por personas que querían dominaros, por personas que querían dictar sus condiciones, imponer a la fuerza sus ideas en la vida de otra gente. A semejantes personas las llamo grandes criminales. Imponer tu idea a alguien, darle algún ideal, algún molde, es violencia, pura violencia. Estás siendo destructivo.

3

La mente: una caja de Pandora

L A MENTE DEL HOMBRE es una caja de Pandora. Contiene toda la evolución desde la criatura más ínfima al mayor de los genios. Todos ellos viven juntos en la mente del hombre simultáneamente, son todos ellos contemporáneos. No es que algo sea pasado, algo sea presente, algo sea futuro: en lo que concierne a la mente, todo es simultáneo, contemporáneo.

Esto hay que comprenderlo muy claramente, porque si no se comprende, la cuestión de los sistemas de creencias divisivos y el fanatismo permanecerá sin resolver. El idiota está dentro de ti, y también el genio. Por supuesto, el idiota es mucho más poderoso, porque tiene una historia más larga, y el genio es una voz muy queda, muy pequeña. Te extiendes de Jomeini a Einstein; y el problema radica en que Jomeini está en mayoría, está mucho más en ti que Albert Einstein, que está en minoría muy escasa.

Imagina la mente del hombre como una pirámide. La base está hecha de Jomeinis, millones de jomeiniáticos, y según vas ascendiendo hay cada vez menos gente. En la cúspide no hay millones, no hay billones, solo docenas; y en la cima misma, quizá solo hay un solo individuo.

Pero recuerda que la diferencia entre Jomeini y Einstein no es de cualidad, es solo de cantidad, porque parte de Jomeini es Albert Einstein, y la mayor parte de Albert Einstein es también Jomeini.

Recientemente se han publicado los resultados de una investigación, que ha durado tres años, del cerebro de Albert Einstein. Llevó tres

años simplemente contar las células de su cerebro. Hay millones de células en todo cerebro, que tienen una función específica: es un mundo
muy milagroso.

Todavía no se sabe por qué determinada célula funciona de una manera. ¿Qué marca la diferencia entre estos grupos de células? Son todas
semejantes en lo que respecta a la química y la fisiología; no parece haber ninguna diferencia en absoluto. Pero hay células que piensan, hay
células que imaginan, hay células que son matemáticas, y hay células
que son filosóficas. Es todo un mundo.

Tres años contando las células de Albert Einstein... el resultado es
muy significativo. Se ha encontrado un cierto tipo de célula en su cerebro; veintisiete por ciento más que en el cerebro común. Ese tipo espe-
cífico de célula solo tiene una función: alimentar, nutrir a las células
pensantes. No tiene una función directa, es un alimento para las células pensantes. Y se ha descubierto que esta célula nutritiva es en él
un veintisiete por ciento más numerosa que en el hombre corriente,
común.

De modo que la diferencia es de cantidad, no es una diferencia cualitativa: ese veintisiete por ciento más de células se puede desarrollar en
ti. ¿Y por qué solo veintisiete? Se pueden desarrollar doscientos setenta por ciento más, porque es un hecho conocido y establecido cómo
crecen esas células.

En los ratones blancos se han desarrollado todo tipo de células. Si al
ratón blanco se le dan más cosas con las que jugar, empieza a desarrollar estas células nutritivas, porque tiene que pensar. Si se le pone en un
laberinto y tiene que encontrar el camino —si se le pone en una caja en
la que hay comida escondida en alguna parte y tiene que encontrar el
camino a través de todo tipo de laberintos para llegar a la comida, y tiene que recordar los caminos que ha seguido— por supuesto, se ha ini-
ciado un cierto tipo de pensamiento. Y cuanto más piensa, más necesita la célula nutritiva.

La naturaleza te suministra todo lo que necesitas. Todo lo que tienes no lo ha dado ningún dios, ni el destino; lo ha creado tu necesidad.
Pero hay una cosa que es muy chocante y anonadante en toda esta in-

vestigación: que la diferencia entre Einstein y Jomeini es solo de cantidad. Y que tampoco la cantidad es algo especial, se puede crear: el viejo Jomeini solo tenía que empezar a jugar al ajedrez, a las cartas... Por supuesto, no lo hizo, pero si hubiera empezado a jugar al ajedrez y a las cartas y a otras cosas, tendría que pensar.

Las religiones matan esta misma célula nutritiva, porque te dicen que creas. Creer significa: no pienses, no juegues con ideas. No trates de descubrir por ti mismo. Jesús ya lo ha encontrado, Buda ya lo ha dicho: ¿para qué vas a preocuparte innecesariamente? Entonces, naturalmente, esa parte que hace que un hombre sea Einstein no se desarrolla: permaneces corriente. Y corriente significa el sótano de la humanidad.

Por eso digo que la mente del hombre es una caja de Pandora. Y también por otra razón: porque todo lo que ha sucedido en la evolución ha dejado sus vestigios dentro de ti. Todavía tienes miedo a la oscuridad; ese miedo debe de tener un millón de años; no tiene nada que ver con el mundo moderno. De hecho, en un sitio como Nueva York es difícil encontrar un rincón oscuro, todo está bien iluminado. ¡Puede que la gente no esté iluminada, pero los lugares sí lo están!

¿Por qué este miedo a la oscuridad? En la vida moderna no te enfrentas a la oscuridad de ninguna manera temible. Si encuentras oscuridad, en modo alguno es tranquilizador, relajante, rejuvenecedor. En vez de tenerle miedo, deberías tenerle un cierto amor. Pero la mera idea de amar la oscuridad parece absurda. En alguna parte profunda de tu corazón está aún el cavernícola que teme la oscuridad. El miedo a la oscuridad viene de aquellos días en los que no se habían descubierto maneras de hacer fuego. Aquellos eran días de oscuridad, y la oscuridad se volvió casi un sinónimo del mal. En todas partes se pinta al mal de oscuro, de negro. Oscuridad se volvió sinónimo de muerte. En todas partes se pinta a la muerte de negro.

La razón es muy clara: antes de que el hombre aprendiera a hacer fuego, la noche era el momento más peligroso. Si sobrevivías una noche, habías hecho algo realmente grande, porque por la noche había todo tipo de animales salvajes dispuestos a atacarte. No podías dormir, tenías que permanecer despierto; simplemente el miedo a los animales salvajes era suficiente para mantenerte despierto. Y, aun así, atacaban en la oscuridad, y el hombre estaba desvalido.

De modo que la oscuridad se volvió maléfica, sinónimo de muerte. Y el miedo ha entrado tan profundamente en el corazón que todavía hoy, cuando la oscuridad ha experimentado una completa transformación... Ni los animales salvajes te atacan en la oscuridad, ni esta te trae ningún mal o muerte. Solo trae sueño sosegante, te quita todo el cansancio del día; te vuelve a dejar joven, vivo, lleno de energía, listo para encontrarte con el sol de la mañana del día siguiente. Pero nuestra actitud sigue siendo la misma. Y así pasa con todo.

En el pasado, a lo largo de toda la evolución, el hombre tenía que formar parte de un cierto grupo, organización, sociedad, tribu, por la sencilla razón de que solo estaba indefenso. Solo, y todo el mundo salvaje contra ti... era difícil de afrontar. Juntos, con un grupo de gente, te sentías más protegido, más seguro.

Tienes que recordar que el hombre es el animal más débil e indefenso del mundo, y toda nuestra civilización y cultura ha crecido debido a este desvalimiento y debilidad. Así que no pienses que es una maldición; ha resultado ser una gran bendición, la mayor de todas. Los leones no pueden crear una sociedad, los leones no pueden crear cultura, porque un león no necesita al grupo. Él solo es suficientemente poderoso. Las ovejas van en grupos; los leones no van en grupos. Cada león tiene su propio territorio. Tienen una técnica específica para marcarlo. Todos los animales la tienen: orinan en una determinada área y su olor informa a los demás de que este es el linde, la cerca. Fuera, todo está bien; solo un paso dentro del territorio y hay peligro.

A los leones les gusta estar solos por la sencilla razón de que se bastan solos ante cualquier enemigo. Pero si piensas en el hombre... su cuerpo no es tan fuerte como el de un animal. Sus uñas no son tan fuertes como para poder matar a cualquier animal con ellas. Sus dientes no son tan fuertes como para poder comer la carne cruda de un animal que ha matado con sus propias manos. Ni puede matar con sus manos, ni puede comer carne cruda directamente con sus dientes. Todos sus miembros son más débiles que los de otros animales. No puede correr con un caballo o con un perro, o con un toro, o con un lobo, o con un ciervo... ¡es un cero a la izquierda! Es bueno que esos animales no participen en vuestras carreras olímpicas; de lo contrario, vuestros grandes corredores parecerían tontos. No puedes saltar de un árbol a otro como los monos. Ellos van saltando de un árbol a otro, kilómetros y kilómetros; no necesitan tocar el suelo. Tú ni siquiera puedes luchar con un mono.

Hay que aceptar que el hombre es el animal más débil de la Tierra. Y esta es la base de toda su conducta, sus compromisos, sus agrupamientos. Tiene que formar parte de algo mayor que él mismo; solo entonces se siente seguro.

Tuvo que inventar todo tipo de armas. Ningún animal se ha molestado en inventar armas. No hay necesidad; sus manos, sus dientes, sus uñas, son suficientes. Desde los primeros días, el hombre tuvo que inventar armas; primero hechas de piedras, rocas, luego, lentamente, con metales. Entonces tuvo que admitir que, incluso con un arma en sus manos, no podía luchar con un león o un animal cuerpo a cuerpo. Tuvo que inventar flechas —es decir, disparar a distancia— porque acercarse era peligroso. Puede que tengas un arma, pero no te será de mucha utilidad contra un elefante. Os cogerá a ti y a tu arma juntos y os lanzará a un kilómetro de allí. Se hizo necesario disparar a distancia de una forma u otra.

Así es como hemos llegado a las armas nucleares. Ahora hemos sacado de ello al hombre completamente; solo hay que apretar un botón y se dispara un proyectil. No necesitas saber dónde está el proyectil; sigue su curso programado. Llegará al Kremlin o llegará a la Casa Blanca; tiene integrado ese programa. Ni importa quién apriete el botón; puede que esté a kilómetros de distancia. Tiene que estar a kilómetros de distancia porque, al fin y al cabo, el hombre no es un Papa, es falible: a veces puede salir el tiro por la culata. Puede que los proyectiles estén en algún lugar de Texas, y los botones, los mandos, puede que estén en alguna parte de la Casa Blanca.

El hombre ha creado distancia entre él y el enemigo, y al final ha tenido que crear también distancia entre él y el arma, porque el arma se ha

vuelto demasiado peligrosa. Mantenerla cerca es correr un riesgo innecesario.

Pero todo se ha desarrollado de una manera muy lógica. El hombre
se ha convertido en el conquistador de todos los animales. Solo en este
sentido se puede decir: «Bienaventurados los mansos, porque ellos poseerán la Tierra». Solo lo han heredado en este sentido, pero no en otro
sentido, el espiritual. La debilidad del hombre ha resultado ser su fortaleza.

El hombre tuvo que pensar, tuvo que discurrir. Había tantos problemas, y no tenía ninguna forma natural de encontrar soluciones; por
consiguiente, tuvo que pensar. Pensar significa simplemente que se te
presenta un problema y la naturaleza no te ha dado la guía para él. Todos los animales están provistos de guías. Nunca se enfrentan a ningún
problema. Siempre que tienen que enfrentarse a algo, saben exactamente lo que tienen que hacer; así pues, el pensamiento no se desarrolla. El hombre se vio sin soluciones y rodeado de problemas inmensos:
tuvo que pensar.

A través de los siglos, sus células pensantes se volvieron cada vez
más eficientes. Pero por el camino iba acumulando todo tipo de polvo,
todo tipo de miedos.

Era necesario, no se podía evitar; pero el problema es que ha pasado
el tiempo, has recorrido ese camino, pero el polvo aún se aferra a ti.

Ahora el hombre puede estar solo. Ahora no hay necesidad de que se
comprometa fanáticamente con ningún grupo religioso, ninguna ideología política —el cristianismo, el hinduismo, el islamismo, el comunismo, el fascismo—, no hay necesidad. Pero la mayoría está constituida por idiotas, que siguen reviviendo su pasado una y otra vez. Se dice
que la historia se repite a sí misma, y eso es cierto en lo que concierne
al noventa y nueve por ciento de la humanidad; no puede ser de otra
manera. Tiene que repetirse porque esas personas siguen aferrándose a
su pasado, y siguen haciendo las mismas cosas una y otra vez.

Se unen en grupos; esto tiene que ser un compromiso, ya que, de lo
contrario, ¿por qué iba a asumir el grupo la carga de incluirte? Tienes
que pagar algo a cambio. ¿Por qué iba a molestarse el grupo por tu se-

guridad? Tienes que hacer algo por el grupo: ese es tu compromiso. Dices: «Estoy dispuesto a morir por ti. Si tú estás dispuesto a morir por mí, yo estoy dispuesto a morir por ti». Es un simple arreglo.

¿Y por qué se comprometen fanáticamente? Tienen que comprometerse fanáticamente porque si empiezas a ser consciente, a estar alerta, verás que es algo muy tonto.

No hay necesidad de pertenecer al partido nazi de Adolf Hitler. Pero un país como Alemania —uno de los más educados, cultos, avanzados; el país que ha dado al mundo la lista más larga de pensadores y filósofos— cae presa de un completo idiota. Y un hombre como Martin Heidegger, uno de los filósofos más importantes de su tiempo, quizá el más importante, era un seguidor de Adolf Hitler. Resulta difícil de creer. Es sencillamente inconcebible que un hombre como Martin Heidegger, que no tiene comparación en ninguna parte del mundo... todos sus contemporáneos parecen pigmeos en comparación.

El pensamiento de Heidegger era tan complejo que nunca podía finalizar ninguno de sus libros. Empezaba, escribía la primera parte, y entonces el mundo entero esperaba que apareciese la segunda parte; nunca aparecía por la sencilla razón de que para el final de la primera parte se había creado tantos problemas que ahora no sabía en qué dirección seguir, dónde ir, qué hacer, o cómo resolverlo todo. ¡Simplemente permanecía en silencio y empezaba otro libro!

Y eso es lo que hizo toda su vida. Aparece la primera parte, luego la segunda... falta la tercera parte, ningún libro está completo. Pero incluso esas obras incompletas son sencillamente milagros de la mente. La finura de su lógica y la profundidad de su enfoque...

Pero ni siquiera este hombre pudo ver que este Adolf Hitler era un loco. Él también se comprometió fanáticamente con Adolf Hitler.

¿De dónde viene este afán por comprometerse fanáticamente?

Viene de tu duda. No puedes convencerte realmente a ti mismo de que lo que estás haciendo es correcto, de manera que tienes que exagerar. Tienes que gritar muy alto para poder oír, tienes que convencer a los demás para poder estar convencido. Tienes que convertir a otros, para que, al ver que has convertido a miles de personas, estar tranquilo: debe de haber algo de verdad en lo que dices; de lo contrario, ¿por qué hay tanta gente convencida? Puede que tú seas tonto, pero tanta gente no puede ser tonta.

Piensa en Adolf Hitler: puede que se considerase un tonto, pero ¿y Martin Heidegger? Había convencido a Martin Heidegger; ya no era necesaria ninguna otra prueba. Este hombre era prueba suficiente de que lo que decía era correcto. Este es un proceso recíproco, un círculo vicioso. Tú te convences más teniendo gente fanáticamente comprometida a tu alrededor, y como tú estás más convencido, empiezas a congregar a más gente a tu alrededor.

Adolf Hitler dice en su autobiografía que no importa lo que estés diciendo —que sea correcto o equivocado, verdadero o falso—: sigue repitiéndolo con convicción. Nadie se preocupa por su racionalidad o su lógica. ¿Cuántas personas hay en el mundo que comprenden qué es la lógica, qué es la racionalidad? Simplemente sigue repitiéndolo con fuerza, con énfasis. Esas personas andan en busca de la convicción, no en busca de la verdad. Andan en busca de alguien que sepa. ¿Y cómo les va a parecer que sabes si dices «si» y «pero», «quizá»...?

Esa es la razón por la que el místico jainista Mahavira no pudo reunir muchos seguidores en la India: porque empezaba todos sus enunciados con «quizá». Tenía razón, estaba absolutamente en lo correcto... pero esa no es la manera de encontrar seguidores. Incluso los que ya le seguían desaparecieron poco a poco: «Quizá»... este hombre habla de «quizá»; *quizá* existe un Dios. ¿Puedes reunir un grupo de seguidores comprometidos a tu «quizá»? Quieren certeza, quieren una garantía. Mahavira era un hombre demasiado sabio para todos esos idiotas. Se comportó con la gente como si fueran capaces del mismo nivel de comprensión que tenía él.

Lo que decía lo entendería Albert Einstein, porque lo que dice Albert Einstein también es un «quizá». Ese es todo el significado de la teoría de la relatividad: no se puede decir nada con certeza, porque todo es solo relativo, nada es seguro. ¿Puedes decir que esto es luz? Es solo relativo. En comparación con una luz más brillante, puede que esto parezca muy oscuro. En comparación con una luz que sea un millón de veces más brillante, puede que parezca simplemente un agujero negro, simplemente oscuridad. ¿Qué es la oscuridad? Menos luz. Hay animales, gatos, que andan por la casa por la noche perfectamente bien. En tu casa, incluso el gato de otra persona puede moverse mejor que tú en la oscuridad. Tú tropezarás, pero el gato tiene ojos que pueden percibir rayos de luz más débiles.

El búho solo ve por la noche; el día es demasiado brillante. El búho necesita gafas de sol; sin gafas de sol no ve, el día es demasiado brillante. Cuando para ti es la mañana, es el anochecer para el búho. Así que, ¿qué es qué? Piensa en el búho, entonces comprenderás el significado de «quizá»; quizá es el anochecer; por lo que respecta al búho, quizá sea la mañana. Según la noche se va haciendo más oscura, el búho ve mejor. En mitad de la noche es mediodía para el búho.

Las cosas son relativas; por eso, decir algo con certeza es mostrar tu estupidez. Esa es la razón por la que Mahavira utilizó un enfoque extraño por primera vez en la historia del hombre, veinticinco siglos antes de Albert Einstein. Su palabra para «quizá» es *syat*. Su filosofía se conoce como *syatvad*, «la filosofía del quizá». Podías hacerle cualquier pregunta; él nunca respondía con una certeza. Puede que hubieses venido con alguna certeza; para cuando te ibas, ya no estarías seguro. Ahora bien, ¿quién quiere seguir a semejante hombre?

A Adolf Hitler le seguirán porque te quita la incertidumbre, que es como una herida. Estás temblando dentro de ti; no sabes de qué va esta vida. Pero *alguien* sabe, y puedes seguir a ese alguien. Te liberas de una gran carga de incertidumbre. Lo único que se requiere por tu parte es una creencia fanática.

La creencia fanática sirve a ambas partes. El líder la necesita porque él mismo está igual que tú, temblando en el fondo de sí; no sabe nada. Lo único que sabe es que puede gritar mejor que tú, que es más elocuente que tú, que al menos puede fingir que sabe: es un buen actor, un hipócrita muy refinado. Pero en el fondo sabe que está temblando. Necesita un gran grupo de seguidores, que le ayudarán a deshacerse de su miedo, lo que le convencerá de que sabe.

He oído que sucedió que un periodista murió y llegó a las puertas del paraíso. A los periodistas no les corresponde ir allí; no sé cómo sucedió. El guardián de la puerta lo miró y dijo:

—¿Eres periodista?

—Por supuesto —respondió—, y como reportero de prensa puedo entrar en todas partes. Déjame pasar.

—Hay una dificultad —afirmó el guardián—. En primer lugar, en el paraíso no tenemos periódicos, porque aquí no sucede ninguna noticia: no hay delitos, no hay borrachos, no hay violaciones. Solo hay santos, amojamados, petrificados por toda la eternidad. Así es que ¿qué noticias hay aquí? No obstante, tenemos un cupo de diez periodistas, pero ha estado lleno desde el principio. Tendrás que ir a la otra puerta al otro lado de la calle.

—¿Me puedes hacer un pequeño favor? —dijo el periodista—. Me iré en veinticuatro horas, pero dame una oportunidad, al menos una excursión. Si no puedes darme una tarjeta de residencia permanente, déjame hacer una excursión de veinticuatro horas. Eso no es pedir demasiado. Ten piedad de mí, que vengo de tan lejos. Y prométeme una cosa: si logro convencer a uno de esos diez periodistas de que vaya al infierno en mi lugar, ¿me dejarás quedarme aquí?

—No hay problema —repuso el guardián—. Si puedes convencer a alguien de que vaya al otro sitio, puedes ocupar su puesto. A nosotros nos da igual; el cupo es de diez.

—Entonces dame solo veinticuatro horas.

Entró y empezó a hablar con todo el mundo, con todos los que se encontraba. Les decía:

—¿Te has enterado de que en el infierno van a lanzar un nuevo periódico, el mayor que se ha intentado hacer nunca? Y necesitan un redactor jefe, redactores, y todo tipo de periodistas. Columnistas semanales, y redactores literarios... ¿no lo has oído?

—No hemos oído nada, pero es estupendo —respondían—. En este asqueroso lugar solo se publicó un número de un periódico, hace muchísimo, al principio de los tiempos, pero desde entonces no ha sucedido nada. Así que solo salió el primer número. Lo seguimos leyendo una y otra vez, ¿qué otra cosa se puede hacer? ¡Este nuevo periódico suena estupendo!

Los diez periodistas se alborotaron. Al día siguiente, después de veinticuatro horas, el periodista volvió a la puerta. El guardián cerró inmediatamente la puerta y dijo:

—¡Quédate dentro!

—¿Por qué? —preguntó el periodista.

—Eres un marrullero —contestó el guardián—. Esos diez se han escapado al otro sitio, y ahora no puedo dejar que te vayas. Aquí debería haber al menos un periodista.

—¡Pero no me puedo quedar aquí! ¡Tienes que dejar que me vaya!

—¿Estás loco? Tú propagaste ese rumor, que es absolutamente falso. Pensaron que tendrán trabajos estupendos en el infierno, y se excitaron... pero ¿por qué quieres ir tú?

—Quién sabe, puede que haya algo de cierto en ello —repuso el periodista—. No puedo quedarme aquí y perdérmelo. De todas formas, no puedes detenerme, porque no me corresponde estar aquí; soy solo un turista de veinticuatro horas. Recuerda, ese fue nuestro acuerdo: que entraría durante veinticuatro horas y luego saldría. No puedes detenerme; no puedes faltar a tu palabra.

—Tú has propagado el rumor —se empeñó el guardián—. Es absolutamente falso. Y no me causes problemas, porque la jerarquía, la burocracia, me preguntará: «¿Dónde están los diez periodistas? De vez en cuando, se hace un recuento y, ¿ni un solo periodista? ¿Falta todo el cupo? ¿Adónde se han ido?».

»Al menos puedo mostrar a la jerarquía al hombre que los convenció; y se escaparon. Y como nunca ha sucedido antes que alguien se escape del paraíso al infierno, no tenemos las puertas cerradas desde dentro. Nadie se escapa nunca; cualquiera puede abrirlas y mirar fuera, no hay problema. ¿Quién va a querer ir al infierno? Y no hay un tercer sitio. De manera que las puertas estaban abiertas, como siempre, y se escaparon. Simplemente me dijeron: "Adiós, no vamos a volver". No puedo dejar que tú te vayas.

Pero el periodista era testarudo. Insistió:

—Entonces iré inmediatamente a la dirección y expondré todo el asunto: que no tengo derecho a estar aquí, no tengo un permiso de residencia —soy solo un turista— y el guardián no me deja salir. Has cometido dos delitos: primero, me permitiste entrar; segundo, no me estás dejando salir.

—Muy bien, vete —dijo el guardián al darse cuenta de que tenía razón el periodista—. Se tarda una eternidad en hacer el recuento; para todo se tarda una eternidad aquí. Mientras tanto, puede que aparezca algún otro periodista. Pero es extraño que estés convencido de un rumor que has creado tú mismo.

—Si los otros diez periodistas lo creyeron, debe de haber algo de cierto en ello. Algo debe de ser verdad; de lo contrario, ¿cómo vas a convencer a diez periodistas y, además, para que vayan del paraíso al infierno? Tiene que haber algo de verdad en ello.

El líder tiene necesidad de ser convencido una y otra vez de que lo que dice es correcto. Para eso necesita un número creciente de gente comprometida. Y cuanto más fanáticamente estén comprometidos, más convincentes son para él. Si están dispuestos a morir o a matar, a hacer una cruzada, hacer la *yihad*, la guerra santa... eso le da certeza.

Y, de manera circular, su certeza convence a los seguidores... porque se vuelve más vociferante, más testarudo; se vuelve absolutamente seguro. Los «sis» y los «peros» desaparecen de su lenguaje; todo lo que dice es la *verdad*. Y este círculo vicioso se perpetúa. Hace fanático al líder y fanáticos a los seguidores. Es la necesidad psicológica de ambos; ambos están en el mismo barco.

La gente tiene una necesidad psicológica de estar segura. Tener continuamente arena movediza bajo sus pies les hace difícil la vida. Ya es lo suficiente difícil según es; y además, en todas partes, incertidumbre e inseguridad, en todas partes problemas y ninguna respuesta. Esto proporciona una oportunidad a esas pocas personas astutas que fingen que reparten exactamente los bienes que necesitas. La única cualidad que necesita el líder es que siempre debe ir por delante de la masa. Debe estar siempre vigilante para ver dónde va la masa, e ir delante. Eso mantiene la sensación de la masa de que el líder va dirigiendo.

El líder solo tiene que ser listo para ir observando el estado de ánimo de la masa, hacia dónde va. No importa de qué lado sople el viento, el verdadero líder nunca pierde la oportunidad: siempre va por delante de la masa.

No son necesarios los pensadores, porque un pensador empezará a preguntarse si el camino que sigue la masa es el apropiado, o si el camino que él sigue es el apropiado. Si empieza a pensar de esa forma, dejará de ser el líder, estará solo. La masa habrá seguido a algún idiota al que no le importa adónde van. Puede que vayáis hacia el infierno, pero él es el líder... él va por delante. La única cualidad que es necesaria en el líder es la facultad para juzgar el estado de ánimo de la masa. Esto no es muy difícil, porque la masa grita fuerte todo el tiempo lo que quiere, dónde quiere ir, cuáles son sus necesidades. Solo tienes que estar un poco alerta e integrar todas esas voces; entonces no habrá ningún problema, irás por delante de la masa.

Y sigue prometiendo todo lo que pidan; nadie esperará que cumplas tus promesas, solo quieren que les prometan. ¿Quién te ha pedido que cumplas tus promesas? Sigue ofreciendo promesas y no te preocupes de que algún día te agarren y te pregunten por ellas. Nunca lo harán, porque cuando te agarren, puedes ofrecerles promesas mayores.

La memoria de la gente dura muy poco. ¿Quién se acuerda de lo que prometiste hace cinco años? En cinco años, han pasado muchas cosas, ¿a quién le importa? En cinco años, todo ha cambiado mucho. No te preocupes, simplemente sigue haciendo promesas cada vez mayores.

La gente cree en esas promesas, la gente quiere creer. No tienen nada más, solo esperanzas. Así es que los líderes siguen dando opio, esperanza, y la gente se hace adicta.

El compromiso fanático con grupos y organizaciones políticas, religiosas o de cualquier otro tipo, es una forma de adicción; igual que cualquier otra droga. Un cristiano se siente en casa cuando está rodeado de cristianos. Eso es adicción, una droga psicológica. Al ver a una persona fuera de su manada, algo empieza a temblar inmediatamente en la psique de la gente: ha surgido un signo de interrogación. Hay un hombre que no cree en Cristo: «¿Es posible no creer en Cristo? ¿Es posible sobrevivir sin creer en Cristo?». Sospechas, dudas...

¿Por qué se enfadan? No están enfadados, lo que están es asustados.

Y para ocultar el miedo tienen que proyectar la ira. La ira es siempre para ocultar el miedo.

La gente usa todo tipo de estrategias. Hay personas que se ríen solo para poder parar sus lágrimas. Riéndote, te olvidarás, se olvidarán... y las lágrimas pueden permanecer ocultas. Con la ira, su miedo permanece oculto.

Son muy fanáticos, siempre a la defensiva... Saben que su creencia no es su experiencia, y tienen miedo a que algún extraño pueda rascar, pueda escarbar hondo, pueda ponerles la herida ante sus ojos. De alguna forma, han conseguido camuflarla: son cristianos y Cristo es el salvador, el único salvador; y tienen las Sagradas Escrituras y Dios está con ellos, de modo que ¿qué hay que temer? ¡Han creado un confortable hogar psicológico y, de repente, como un elefante en una cristalería, llega un extraño que no cree como ellos!

Uno de mis profesores, que me quería mucho... en mis tiempos en la escuela secundaria, él fue el único profesor con el que tuve mucha intimidad. De manera que, cuando fui a la universidad y volvía a mi ciudad natal en las vacaciones, solía ir a verle. Un día me dijo:

—Te espero. Es muy extraño que te espere, sabiendo que han llegado las vacaciones y que vendrás. Y tu llegada es una brisa fresca. En mi vejez, me recuerdas de nuevo mi juventud y mis sueños juveniles. Pero cuando vienes, me asusto y empiezo a rezarle a Dios: «¡Haz que se vaya lo antes posible!». Porque creas sospechas en mí; eres mi mayor duda. Solo verte es suficiente para que empiecen a surgir todas mis dudas. De alguna forma, las contengo, pero contigo es difícil.

»Es extraño que tu mera llegada a mi casa sea suficiente, y todos mis esfuerzos por reprimir fracasen y surjan todas mis dudas —continuó—. Sé que no conozco a Dios, y sé que mis oraciones son simplemente inútiles: no hay nadie que las oiga. Sin embargo, yo sigo haciéndolas tres veces al día: mañana, tarde y noche. Pero cuando tú estás aquí, no puedo hacer mis oraciones tan apaciblemente como lo hago cualquier otro día.

—¡Pero yo nunca perturbo tus oraciones! —protesté.

—No es que las perturbes —aclaró—. Pero si simplemente estás aquí sentado y yo estoy haciendo mi oración... es imposible. De repente, sé que lo que estoy haciendo es una estupidez, y sé lo que estás pensando. Debes de estar pensando que este viejo tonto aún sigue haciendo lo mismo... Sé que, a tu parecer, esto que hago no es inteligente. Y el problema es que, en el fondo, estoy de acuerdo contigo. Pero ya soy demasiado viejo y no puedo cambiar. Surge el miedo. No puedo parar. Muchas veces, he pensado: «¿Por qué no dejas de rezar?», pero he estado rezando durante setenta y cinco años... —Por aquel tiempo debía de tener unos noventa y dos años—. He estado rezando durante tanto tiempo. ¿Y dejarlo ahora, a la hora de la muerte? ¿Y quién sabe?... Si este chico está por aquí y Dios existe realmente, entonces estaré en un aprieto: ni siquiera podré levantar la mirada ante Dios si dejé de rezar en el último momento. Así que pienso, ahora que lo he hecho durante toda mi vida, mejor continuar, con razón o sin ella. Si no hay razón, no se pierde nada. De todas formas, ahora que estoy jubilado, estoy libre todo el día. Y si Dios existe, entonces perfectamente bien: mis oraciones han tenido éxito.

—Eso no servirá —le dije—. Incluso si Dios existe, este tipo de oración es inútil. ¿Crees que puedes engañar a Dios? ¿No te lo preguntará? Estabas rezando con la idea de que si no existe, bien, y si existe, al menos puedes decir que le rezaste. ¿Piensas que puedes engañar a Dios?

—Ese es el problema. Por eso te digo que, por favor, ¡no vengas! No puedo dejarlo, y tampoco puedo hacerlo sinceramente. Y ahora has creado un tercer problema: ¡Incluso si lo hago, es inútil! Porque tienes razón: si Dios existe sabrá algo tan simple... que este viejo está tratando de engañarle.

—Esto es mucho peor que no rezar. Al menos sé honesto. Y no creo que ser honesto sea nada que vaya en contra de la religión. Simplemente sé honesto; ¡si no lo sientes, déjalo!

—Contigo vuelvo a sentirme joven, fuerte —dijo mi maestro—. Pero, cuando te has ido, vuelvo a ser viejo, la muerte está cerca, y este no es el momento de cambiar de barco. Me puedo caer al agua. Es mejor seguir con lo que estoy haciendo... lo que tenga que suceder, que suceda. Es mejor continuar. Y no estoy solo; doscientos millones de hindúes están conmigo. Esto es lo que cuenta: doscientos millones de hindúes están conmigo.

—Sí, eso es verdad —acoté—. Doscientos millones de hindúes están contigo y yo estoy solo. Pero una sola persona puede destrozar el apoyo de doscientos millones de hindúes, si este se basa en una mentira. Has dado un mal paso: ¡no deberías haber escuchado!

Eso es el fanatismo: No escuchar nada que vaya contra ti. Antes de que alguien diga algo, empiezas a gritar tan fuerte que solo oyes tu propia voz. Lee solo tu propio libro, escucha solo a tu iglesia, a tu templo, a tu sinagoga.

El fanatismo es simplemente una estrategia para protegerte de las dudas. Pero aunque las dudas pueden protegerse, no pueden ser destruidas. Y ahora tampoco es necesario. El hombre ha pasado por las fases en las que necesitaba masas. Ahora puede ser individual. Eso no significa que no tengas asociaciones, que no tengas sociedades, pero no hay necesidad de comprometerse fanáticamente.

Puedes pertenecer al Club Rotario; eso no significa que estés tan fanáticamente comprometido que morirás por el Club. Eso será realmente un gran martirio: ¡alguien que muere por el Club Rotario! No tienes que morir por el Club Rotario, por el Club Lions... no necesitas morir por el cristianismo, el islam, el hinduismo, el comunismo, el socialismo. Puedes tener buenas relaciones con la gente, puedes tener un diálogo con la gente. Puedes reunirte con gente, puedes comunicarte con gente que esté de acuerdo contigo, pero no hay necesidad de alborotar con ello. Ni cruzada, ni guerra santa...

Sí, podéis seguir siendo una nación, pero no hay necesidad de dar demasiada importancia a esas fronteras que habéis creado en el mapa. Están solo en el mapa, no empecéis a verlas en el suelo. Así es como os volvéis ciegos.

Está perfectamente bien que haya tantas naciones, pero no hay necesidad de tanta locura. Está perfectamente bien, la gente puede ser devota de la manera que quiera, rezar de la manera que quiera, tener su propio libro, amar a sus propios mesías, no hay problema en ello. Pero no lo convirtáis en un problema para otros seres humanos. Es algo personal. Te gusta algo, prefieres un cierto perfume... perfectamente bien; si a otro no le gusta, eso no lo convierte en tu enemigo. Hay inclinaciones; alguien puede diferir. Y diferir no significa antagonismo, significa simplemente que uno tiene una manera diferente de mirar las cosas, de sentir las cosas.

No hay necesidad de ningún fanatismo, no hay necesidad de ningún compromiso. Si podemos tener organizaciones en el mundo sin compromiso, sin fanatismo, será un mundo hermoso. Las organizaciones no son malas en sí mismas. Las organizaciones sin compromiso, sin actitudes fanáticas, simplemente hacen un mundo bien ordenado. Y el orden es ciertamente necesario. Donde hay tantos millones de personas no se puede vivir sin orden.

A ese orden yo lo he llamado «comuna». Lo he llamado «comuna» para hacerlo diferente de organización, partido político, secta religiosa. Lo he llamado simplemente «comuna», en la que las personas de similar perspectiva viven con cordialidad, con todas sus diferencias.

No tienen que borrar sus diferencias para formar parte de la comuna, eso se vuelve un compromiso. Sus diferencias son aceptadas, esas son las cualidades de esos individuos.

Y, de hecho, enriquece a la comuna cuando tantas personas con tantas cualidades, talentos, creatividades, sensibilidades diferentes se unen sin incapacitarse unos a otros, sin destruirse unos a otros. Por el contrario: se ayudan mutuamente a convertirse en individuos perfectos, en individuos únicos...

Salirse de la pirámide

Una pregunta: Me dejó atónito oír que la pirámide de la humanidad está constituida por el ayatolá Jomeini y Albert Einstein, y que no hay diferencia cualitativa entre los dos. ¿No hay una tercera alternativa?

Yo también estoy atónito, pero uno está indefenso ante la realidad. La verdad es que no hay diferencia cualitativa entre el ayatolá Jomeini y

Albert Einstein; si existiera siquiera una pequeña posibilidad de alguna diferencia cualitativa, me habría encantado declararlo. Eso no significa que ambos sean el mismo tipo de persona.

El ayatolá Jomeini era un loco. Albert Einstein era un genio, la inteligencia más sagaz que la humanidad ha producido nunca. De modo que no estoy diciendo que sean el mismo tipo de persona, pero ¿qué puedo hacer?... Pertenecen al mismo ámbito. El ayatolá es lo más bajo de la línea, Albert Einstein es lo más alto, pero la diferencia solo es de grado; es la misma pirámide.

El ayatolá Jomeini, Adolf Hitler, Iósiv Stalin, Benito Mussolini, Mao Zedong... son tan humanos como Albert Einstein, Bertrand Russell, Jean-Paul Sartre, Karl Jaspers; pertenecen a una única humanidad, a una única mente. Pero el ayatolá Jomeini y sus compañeros están enfermos. La mente es la misma, pero es una mente enferma, está patas arriba. Albert Einstein y Bertrand Russell son saludables. Es la misma mente, pero en buena forma; es como debería ser.

Pero no puedo decir que pertenezcan a dos categorías diferentes; eso sería una mentira. Consoladora... tú no estarías atónito, yo no estaría atónito, todos seríamos felices. Pero destruir la verdad por semejantes consuelos estúpidos no ayudará a nadie.

Pero ¿por qué lo miras tan solo desde un lado? Hay muchos aspectos que hay que considerar. ¿Por qué no lo ves como una gran revelación? Solo has pensado una cosa, por eso te quedaste atónito. Yo también me quedé atónito, pero también me quedé entusiasmado, extático.

Solo has pensado una cosa, que Albert Einstein queda reducido al nivel del ayatolá Jomeini. Pero ¿por qué no ves la otra posibilidad?... que el ayatolá Jomeini puede elevarse al nivel de Albert Einstein.

Estoy abriendo una posibilidad tremenda para estos locos. Y estos locos han dominado la humanidad; hay que hacer algo. La humanidad en sí no es mala, no es malvada, pero un ayatolá Jomeni puede volver loco, idiota, a todo un país. Los nombres, las palabras, los principios que estas personas usan para ocultar su locura y su estupidez son bellos.

El ayatolá Jomeini recita el sagrado Corán todos los días. No necesita leer; se lo ha aprendido de memoria... todo el sagrado Corán. Cita continuamente el sagrado Corán, y los que le escuchan y le siguen creen que es un profeta, un mensajero de Dios enviado para ayudar a que triunfe el islam. Eso es lo que creen todas las religiones: solo si triunfan hay un futuro para la humanidad; de lo contrario, no hay futuro, el hombre está acabado. Y lo que está haciendo es tan bárbaro, tan feo, tan inhumano... La gente está siendo reprimida continuamente, degollada constantemente. Están matando a golpes a la gente en los cruces de caminos ante miles de espectadores... y esos espectadores están regocijándose porque esto es el triunfo del islam.

El ayatolá Jomeini dice que todo lo que se hace conforme a los principios islámicos es correcto. No hay otra manera, no hay otro criterio para decidir el bien y el mal. Degollar a un hombre es islámico. Si el hombre no está dispuesto a hacerse musulmán, entonces es mejor que muera. Vivir como no-musulmán es peor que morir, porque puede que la muerte cambie su modo de vida. Quizá en este cuerpo, en esta mente, es incapaz de hacerse musulmán, así es que este cuerpo y esta mente tienen que ser destruidos. Son obstáculos para su salvación. Y morir a manos de soldados islámicos es una gloria en sí misma. Deberías estar orgulloso: has alcanzado una gran muerte. No pudiste alcanzar una gran vida, pero has alcanzado una gran muerte. De modo que la persona que está siendo matada por asesinos islámicos es afortunada. Y las personas que le están matando también están alcanzando mucha virtud, porque no hay otro motivo: están tratando de ayudar a ese hombre, de transformar su ser. Están despejando y limpiando el camino hacia Dios para esa persona. Están haciendo la labor de Dios: nacerán como santos en el paraíso. De modo que ambos se benefician. ¿Cómo puede ser erróneo y malo cuando ambas partes se benefician inmensamente, se benefician espiritualmente?

¿Ves la astucia de la gente? Pero este ayatolá tiene la misma mente que tú, es solo que se ha vuelto loco. Pero puede repararse.

Esto está sucediendo en el mundo entero... Precisamente el otro día, en el Vaticano, una mujer se tiró desde la cúpula de la basílica de San Pedro —la iglesia católica más grande de la cristiandad— y se mató. Nadie sabe por qué, y quizá nadie lo sepa nunca. Pero al oír eso, la respuesta inmediata que surgió en mí fue que esta mujer ha proclamado algo significativo. Toda la humanidad va a morir en el Vaticano, saltando desde la cúpula de la basílica de San Pedro. Esta mujer es una pionera. Ella ha dicho simplemente que esto le va a suceder a toda la humanidad. Y el Papa, los cardenales, los obispos, los sacerdotes... están haciendo de todo para promover que suceda esto.

Una monja católica, una humanitaria muy respetada, la hermana Judith Vaughan, ha sido expulsada de la Iglesia católica. Dirigía en California un albergue para mujeres pobres, mujeres abandonadas, mujeres rechazadas. Y ayudó a miles de mujeres. Pero el trabajo de toda su vida no cuenta nada; ha cometido un pequeño error, un error a los ojos de la burocracia cristiana. Firmó una petición en un periódico a favor del derecho al aborto. El periódico había pedido que los que estuvieran a favor firmasen y enviasen la petición al periódico, para así poder decir que no todos los cristianos están en contra del derecho al aborto. La hermana Judith la firmó... y eso es un gran pecado.

Esta mujer trabajó toda su vida, sirvió a miles de mujeres, era respetada en todo California, y comprende los problemas de las mujeres —el aborto, los hijos, los huérfanos— más que esos idiotas que la expulsaron de la Iglesia. No solo la expulsaron de la Iglesia, le prohibieron entrar en el albergue que ella creó para las mujeres pobres, para las mujeres que sufren. No se le permitió entrar en la iglesia ni en el albergue, y ya no es monja. A nadie le importa que lo que hacía era humanitario.

Más población significa más problemas; y no sois capaces de resolver los problemas presentes. Cada niño trae miles de problemas con él. Ya ha llegado más gente a la Tierra que la que la Tierra puede sustentar. Incluso países como América tienen problemas que deberían haber desaparecido del mundo hace mucho tiempo; ¿y qué decir del tercer mundo, el mundo pobre? África, América Latina, Asia... ¿qué decir de esos países?

En América hay millones y millones de adultos analfabetos. En el país más rico del mundo —tecnológicamente, científicamente, culturalmente, en todos los aspectos en la cima— millones de adultos aún son analfabetos, no pueden leer un periódico. ¿Y seguís trayendo más gente? Ni siquiera podéis resolver problemas simples... y hay problemas complicados.

En una explosión de gas en Bhopal murieron miles de personas. Todas las mujeres que estaban embarazadas y no murieron empezaron a dar a luz a sus hijos. Miles de niños salieron del útero muertos o lisiados o ciegos o retrasados mentales. Unos cuantos que nacieron vivos murieron en un plazo de seis semanas. Los médicos y los científicos no pensaron que el gas iba a afectar a los fetos tan peligrosamente. Y esto fue tan solo una pequeña explosión. Cuando empiecen a suceder vuestras explosiones nucleares y atómicas, es inimaginable cómo os van a afectar. Y no os afectará solo a vosotros; afectará a todas las generaciones que os sigan. Afectará a todo el futuro de la humanidad.

¿Quién está creando estos problemas? La mente. La misma mente puede resolverlos.

De manera que cuando digo que el ayatolá Jomeini y Albert Einstein pertenecen a la misma línea... si piensas que Albert Einstein es también como el ayatolá Jomeini solo te quedarás atónito. Pero si piensas también que el ayatolá Jomeini tiene la capacidad de ser un Albert Einstein, te entusiasmarás como yo.

Pero he hablado solo de la pirámide de la mente. No he hablado de las personas que se han desprendido de la mente, no he hablado de los meditadores. Ellos son cualitativamente diferentes de ambos.

Un hombre meditativo está tan lejos del ayatolá Jomeini como lo está de Albert Einstein, porque está lejos de la mente misma.

La pirámide es solo de gente que vive en la mente, así que no te deprimas. Puedes saltar fuera de la pirámide; nadie te está obligando a estar en ella. Es tu decisión estar en ella o no estar en ella. Puedes volverte un observador. Te sales de la pirámide y observas todo el juego estúpido que sucede.

Yo no formo parte de la pirámide. Por eso puedo hablar de la pirámide, describirla con todo detalle desde todos los aspectos, porque soy solo un observador. Puedo recorrer toda la pirámide, puedo ver todos sus aspectos. Puedo ver sus profundidades más hondas, puedo ver su cúspide más elevada... porque no estoy en ella.

Si estás en ella, entonces te resulta imposible observarla en su totalidad; tienes que estar fuera de ella. Y ha habido semejantes personas a lo largo de los tiempos; muy pocas, pero eso da igual: incluso si una sola persona puede escapar de la pirámide, eso es suficiente para demostrar la posibilidad. Y muchos se han escapado de ella.

Con solo un poco de esfuerzo por tu parte, con estar un poco alerta, puedes escabullirte de la pirámide; porque la pirámide no está hecha de algo sólido, los ladrillos de los que está hecha son los pensamientos. Estás rodeado por un muro de pensamientos. Es muy fácil salirse de él. Ni siquiera tienes que hacer un agujero en el muro, ni siquiera tienes que abrir una puerta. Simplemente tienes que quedarte en silencio y ver si el muro existe realmente o solo lo parece.

En Oriente lo llaman un espejismo; solo parece real. Cuanto más te acercas a él, y cuanto mejor lo miras, más empieza a desaparecer. Los pensamientos son lo más insustancial que hay en el mundo; no hay nada material en ellos.

Tus pensamientos son como fantasmas. Simplemente sigues creyendo en ellos, sin intentar nunca tener un encuentro, sin volverte nunca hacia ellos y mirarlos. Te quedarás sorprendido al ver que cualquier pensamiento al que miras fijamente sencillamente se desvanece. No puede soportar tu acecho.

De manera que hay una tercera alternativa. No necesitas ser ni el ayatolá Jomeini ni Albert Einstein. Albert Einstein es un buen hombre, pero bueno y malo son dos lados de la misma moneda. El santo y el pecador son dos lados de la misma moneda; el cielo y el infierno, Dios y el diablo... dos lados de la misma moneda. Ninguno de los dos puede existir sin el otro.

Pero hay una tercera alternativa —no necesitas ser ninguno de los dos— y es realmente ser tú mismo.

Estar fuera de la pirámide de la mente es entrar en el templo de tu ser.

La pirámide es para los muertos. De hecho, las pirámides se construyeron como tumbas para los reyes y reinas egipcios. Son cementerios; y cuando uso la palabra *pirámide* para la mente, la uso a sabiendas. La mente también es un cementerio de cosas muertas, recuerdos pasados, experiencias, sombras... todo sombras. Pero poco a poco se vuelven tan densas que crean una cortina oscura a tu alrededor.

Si quieres escapar de tu sombra, ¿qué crees que tienes que hacer? ¿Correr? La sombra te seguirá dondequiera que vayas, estará contigo; es tu sombra. Y una sombra no es existencial; es un fantasma. La única manera de librarte de ella es volverte y mirarla y tratar de descubrir si tiene alguna sustancia. ¡No es nada!... es pura negatividad. Es solo porque estás obstaculizando los rayos del sol y el sol no puede pasar; y la ausencia del sol crea la sombra.

Esto es exactamente lo que pasa con tus pensamientos. Como no estás vigilante, como no estás en silencio, como no puedes ver las cosas claramente sin ninguna perturbación, los pensamientos reemplazan a la consciencia. A no ser que te vuelvas consciente, los pensamientos continuarán.

La mente no es «tú»; es otro: Tú eres solo un observador. Y tan solo unos pocos vislumbres de lo que es observar te prepararán para salirte de la pirámide sin ninguna lucha, sin ningún esfuerzo, sin ninguna práctica. Simplemente te levantas y sales.

La gente sigue creyendo en cualquier cosa que es consoladora. Sus fantasmas, sus dioses, su cielo e infierno... todo eso son solo consuelos. Sus santos, hombres de Dios, profetas... todos consuelos. Un hombre verdadero necesita agallas para salirse de todo este lío asqueroso. Y la única manera de salirse de él es volverte un testigo de tu propio proceso de pensamiento. Y es fácil, es lo más fácil del mundo. Solo tienes que hacerlo una vez; pero nunca lo intentas ni siquiera una vez, y sigues pensando que es lo más difícil que hay.

Yo también solía pensar que era algo muy difícil, porque eso es lo que me había dicho todo el mundo, lo que había leído en todos los libros: que es un fenómeno tan grande, tan difícil, que a un hombre le cuesta vidas y vidas alcanzar el estado de no-mente. Si todo el mundo dice eso, y no hay ni siquiera una sola excepción, es muy natural que puedas empezar a creerlo.

Pero yo soy un poco excéntrico. Mi lógica no sigue el curso corriente, va en zigzag. Una vez que tuve la certeza de que todo el mundo dice que es difícil, que toda escritura dice que es difícil... Mi mente funciona de modo diferente. La primera idea que se me ocurrió fue que es posible que nadie lo haya intentado; de lo contrario, habría opiniones diferentes. Alguien diría que es difícil; alguien diría que es aún más difícil; alguien diría que es menos difícil. Es imposible que exista un apoyo unánime a su dificultad en el mundo entero. La única posibilidad era que nadie lo hubiera intentado; pero nadie quiere confesar su propia ignorancia. Entonces lo mejor es estar de acuerdo con el consenso colectivo de que es difícil, muy difícil; se tarda vidas.

Deseché esa idea. Dije: «Tiene que suceder en esta vida; de lo contrario, no dejaré que suceda en ninguna vida, lucharé contra ello. O en esta vida o nunca». «Ahora o nunca» se convirtió en mi enfoque inconmovible, y el día que decidí «Ahora o nunca», sucedió. Desde entonces he estado asombrado de cómo ha sido engañada la gente.

La cosa más simple ha sido convertida en la más imposible; y la cosa más simple abre la puerta de la tercera alternativa.

Te saca de la pirámide: ya no eres una mente. Y solo entonces sabes quién eres. Y saberlo es haber alcanzado todo lo que merece la pena alcanzarse.

4

De la mente a la no-mente

CUANDO ALGUIEN SE IDENTIFICA CON EL INTELECTO, nace la intelectualidad; cuando alguien sigue siendo el dueño de sí mismo sin identificarse con el intelecto, nace la inteligencia. El intelecto es el mismo. Todo depende de si te identificas con él o si lo trasciendes. Si te identificas, es intelectualidad; si no lo haces, es inteligencia.

La inteligencia tiene una importancia tremenda; la intelectualidad es una barrera. La intelectualidad es una barrera incluso en el mundo de la ciencia. La intelectualidad puede, a lo sumo, producir eruditos, personas prolijas que siguen sin parar, tramando y urdiendo sistemas de pensamiento que no tienen ninguna sustancia en absoluto.

En el cometido científico, la inteligencia hay que enfocarla en el mundo objetivo; en la exploración espiritual, la inteligencia tiene que ir hacia dentro. Es la misma inteligencia, solo cambia la dirección. En la ciencia, el objeto, el objeto externo, es la meta de la investigación; en el ámbito espiritual, tu aventura es tu subjetividad, tu interioridad. La inteligencia es la misma.

Si te vuelves un intelectual, entonces no serás un científico. Escribirás historias de la ciencia o filosofías de la ciencia, pero no serás un científico, un explorador, un inventor, un descubridor por ti mismo. Estarás simplemente acumulando información. Sí, eso también tiene cierta utilidad; en lo que respecta al mundo externo, incluso la información tiene una cierta utilidad limitada. Pero en el mundo interno, no tiene utilidad en absoluto. Es una barrera; tiene un efecto negativo sobre la experiencia interna.

El intelecto no es ni una barrera ni un puente; el intelecto es neutral. Si te identificas con él, se vuelve una barrera; si permaneces sin identificarte con él, es un puente. Y sin meditación no puedes conocer tu naturaleza trascendental.

En la ciencia, la concentración es suficiente; a lo sumo, es necesaria la contemplación. En el mundo interno, la meditación es el único camino. La concentración no es necesaria; no es una ayuda, es un obstáculo positivo. La contemplación tampoco es una ayuda; es una compensación por no ser meditativo, es un pobre sucedáneo. La meditación —solo la meditación— puede traer consigo la revolución interna.

Meditación significa salirse de la mente, mirar la mente desde fuera. Ese es exactamente el significado de la palabra *éxtasis*: estar fuera. Estar fuera de la mente te hace extático, te trae gozo. Y se libera una gran inteligencia. Cuando estás identificado con la mente, no puedes ser muy inteligente, porque te identificas con un instrumento, quedas confinado por un instrumento y sus limitaciones. Y tú eres ilimitado, tú eres consciencia.

Usa la mente, pero no te vuelvas ella. Úsala como usas otras máquinas. La mente es una hermosa máquina. Si puedes usarla, te servirá; si no puedes usarla y ella empieza a usarte a ti, es destructiva, es peligrosa. Te causará irremediablemente algún problema, alguna calamidad, algún sufrimiento y desventura, porque una máquina es algo ciego. No tiene ojos, no tiene visión.

La mente no puede ver; solo puede seguir repitiendo lo que ha sido introducido en ella. Es como un ordenador; primero hay que introducirle datos. Eso es lo que llamáis vuestra educación: seguís introduciéndole datos. Entonces se convierte en un gran depósito de memoria dentro de ti, de manera que, cada vez que necesitas recordar algo, te lo puede suministrar. Pero tú deberías seguir siendo el amo, para poder usarla; de lo contrario, empieza a gobernarte.

Que no te conduzca tu coche; sigue siendo tú el conductor. Tú tienes que decidir la dirección, tú tienes que decidir el objetivo. Tú tienes que decidir la velocidad, cuándo arrancar y cuándo parar. Cuando tú pierdes el control y el coche toma el mando y empieza a ir por su cuenta, estás perdido.

No estoy absolutamente en contra de la información. La información es buena si está almacenada en la memoria y puedes encontrarla fácilmente cada vez que la necesitas. Solo es peligrosa cuando no la necesitas y sigue abalanzándose sobre ti. Cuando te obliga a hacer algo, cuando eres solo una víctima, entonces es peligrosa. De lo contrario, es hermosa. Es un medio hermoso, pero no es el fin.

En la catequesis, el profesor hacía preguntas a su clase. Se volvió hacia Jenkins:

—¿Quién derribó las murallas de Jericó?

—Por favor, señor —respondió Jenkins—, no fui yo.

El profesor se enfadó mucho. Fue al director y le dijo:

—Acabo de preguntarle a Jenkins quién derribó las murallas de Jericó y me dicho que no fue él. ¿Qué piensa de eso?

—Conozco a la familia Jenkins desde hace muchos años, y si ha dicho que no fue él, es que no fue —respondió el director. Ahora el profesor se enfadó todavía más. Llamó por teléfono al ministro de Educación y le dijo:

—Le he preguntado a un chico de mi clase quién derribó las murallas de Jericó y me ha dicho que no fue él. Entonces fui al director a quejarme de ese chico. Me dijo que conoce a esa familia desde hace años, y que si el chico dijo que no fue él, es que *no fue* él. ¿Qué piensa de eso?

El ministro guardó silencio durante un segundo, luego dijo:

—Escuche, estoy harto de quejas de su escuela. ¡Reparen los muros, y si hay más quejas voy a cerrarla definitivamente!

La información no es mala en sí misma: ¡tienes que saber quién derribó las murallas de Jericó! Pero si la información se vuelve tan poderosa en tu mente que sigue y sigue sin parar y no puedes desconectarla, no puedes poner tu mente en un estado de relajación, entonces la mente se cansa, se agota, se aburre, se queda exhausta. En ese estado, ¿cómo vas a poder ser inteligente? Tus energías se han disipado. La inteligencia necesita energías desbordantes. La inteligencia necesita salud, totalidad.

Un meditador será más inteligente que cualquier otra persona. Y un meditador será capaz de usar su mente tanto objetiva como subjetivamente. Será capaz de moverse por dentro con tanta facilidad como puede hacerlo por fuera. Será más flexible. Es el amo de sí mismo. Puede llevar el coche hacia delante, puede llevar el coche hacia atrás.

Cuando Ford hizo su primer coche, este no tenía marcha atrás. Volver a casa era un problema difícil. Tenías que ir en círculo, tenías que tomar un camino más largo, simplemente para volver a casa. Incluso si solo te habías alejado unos pocos metros de tu garaje, no podías retroceder hasta el garaje: no había marcha atrás. Más tarde fue añadida.

La meditación te da una marcha atrás. Normalmente, no la tienes, y tienes que ir en círculo una y otra vez, y, aun así, no puedes encontrar dónde está tu casa. No puedes volver, no puedes entrar; solo sabes salir. Un meditador se vuelve más fluido, más flexible. Su vida se vuelve más enriquecedora.

No estoy a favor de esas personas que, en el pasado, en nombre de la religión, se quedaron obsesionadas con su introversión; ese es otro extremo. Algunas personas se quedan ancladas en su extroversión; como reacción, algunas otras personas se quedan ancladas en su introversión. Ambas se quedan sin vida. La vida pertenece a los flexibles, a los que pueden ir de la extroversión a la introversión y de la introversión a la extroversión tan fácilmente como sales y entras de tu casa. Cuando hace demasiado frío dentro, sales al sol; cuando empieza a hacer demasiado calor, entras al cobijo, al frescor de la casa, y no hay problema. Es así de simple.

La meditación no significa estar en contra del mundo externo. Ha sido así en el pasado. Por eso ha fracasado la religión, no podía triunfar;

no podía haber triunfado de ninguna manera. La vida pertenece a lo fluido, a lo fluente. Cuando te quedas fijo, te conviertes en una cosa.

Vuestros monjes eran introvertidos; cerraban los ojos al mundo exterior. Por eso, en Oriente no pudimos desarrollar la ciencia, aunque los primeros pasos de la ciencia se dieron en Oriente. Las matemáticas se desarrollaron en India. Los primeros pasos hacia la tecnología se dieron en China. Pero se quedaron paralizados ahí por la sencilla razón de que las personas sobresalientes de Oriente se quedaron ancladas en su introversión; perdieron el interés en el mundo objetivo, se cerraron totalmente a lo objetivo. Esto es ser solo la mitad de tu potencial total.

Occidente ha hecho justo lo contrario: se ha vuelto absolutamente extrovertido, no sabe cómo ir a lo interno. No cree que exista nada «dentro», no cree en el alma. Cree en la conducta del hombre, no en la existencia interna del hombre. Estudia la conducta y dice que todo es mecánico, que no hay nadie dentro. El hombre se ha vuelto un robot. Si no conoces el alma, el hombre se vuelve un robot. Se le considera tan solo un bello mecanismo desarrollado a través de millones de años —el larguísimo viaje de la evolución— pero es solo una máquina sofisticada.

A Adolf Hitler no le resultó difícil matar a tantas personas tan fácilmente por la sencilla razón de que, si el hombre es una máquina, ¿qué hay de malo en matar a la gente? Si destrozas tu reloj, no te sientes culpable; no importa lo sofisticado que fuera, era solo un reloj. Si decidiste destruirlo, es cosa tuya; nadie puede oponerse. No pueden llevarte a la fuerza a los tribunales como un asesino.

Stalin pudo matar a millones de personas fácilmente sin ningún remordimiento de consciencia por la sencilla razón de que el marxismo cree que no existe el alma. El hombre no es más que materia; la consciencia es solo un subproducto de la materia. Esto es un extremo.

La ciencia se desarrolló en Occidente, pero la espiritualidad desapareció. En Oriente, se desarrolló la espiritualidad, pero la ciencia desapareció. De ambas formas, el hombre permanece pobre, y solo una mitad. Mi empeño es crear el ser humano completo, que será capaz de ser científico y espiritual a la vez.

Un gran perro sarnoso amenazaba a una gata y sus gatitos. Los había acorralado en la esquina de un granero cuando, de pronto, la gata se irguió sobre sus patas traseras y empezó a ladrar y a gruñir con fuerza. Alarmado y confuso, el perro se dio la vuelta y salió corriendo del granero, con la cola entre las patas.

Volviéndose hacia sus gatitos, la gata madre levantó una pata y les dijo:

—¿Veis ahora la ventaja de ser bilingüe?

Yo quiero que los seres humanos sean bilingües. Deberían conocer la ciencia tanto, tan profundamente, como deberían conocer la meditación. Deberían conocer la mente tanto como deberían conocer la meditación. Deberían conocer el lenguaje del mundo objetivo —eso es la ciencia— y también deberían conocer el lenguaje del mundo subjetivo —eso es la espiritualidad.

Solo una persona que es capaz de tender un puente entre lo objetivo y lo subjetivo, una persona que es capaz de tender un puente entre Oriente y Occidente, una persona que es capaz de tender un puente entre materialismo y espiritualismo, puede ser una persona completa. El mundo está esperando al ser humano completo. Si el ser humano completo no llega pronto, entonces no hay futuro para la humanidad. Y el ser humano completo solo puede llegar mediante la inteligencia profunda, honda.

No estoy en contra del intelecto, no estoy en contra de la inteligencia; estoy en contra de la intelectualidad. No te identifiques con tu mente. Sé siempre un observador desde lo alto: un observador del cuerpo, de la mente, un testigo de lo externo y de lo interno, para así poder trascender tanto lo externo como lo interno y llegar a saber que no eres ninguno de los dos: estás más allá de ambos.

De pensar a comprender

Pensar es la ausencia de entendimiento. Piensas porque no comprendes. Cuando surge el entendimiento, el pensamiento desaparece. Es como un ciego que anda a tientas; cuando tienes ojos, no andas a tientas, ves. El entendimiento es como tener ojos; ves, no andas a tientas. Pensar es andar a tientas; al no saber qué es qué, sigues pensando, adivinando.

Pensar no puede darte la respuesta correcta, porque el pensamiento solo puede repetir lo que ya se sabe. El pensamiento no tiene capacidad para ver lo desconocido. ¿Has intentado alguna vez pensar en lo desconocido? ¿Cómo vas a pensar en ello? Solo puedes pensar en lo que ya se conoce; es repetitivo. Puedes seguir pensándolo una y otra vez, puedes hacer nuevas combinaciones de viejos pensamientos, pero nada es realmente nuevo.

Con el pensamiento hay preguntas y más preguntas, y ninguna respuesta. Incluso cuando, a veces, crees que has encontrado una respuesta, es solo porque hay que decidir de una manera u otra. No es realmente la respuesta, pero tienes que decidir a fin de actuar, de modo que tienes que aferrarte a alguna respuesta. Y si examinas a fondo tu respuesta, verás que surgen de ella mil y una preguntas.

El entendimiento no tiene preguntas, sino solo respuestas, porque tiene ojos.

El pensamiento es prestado. Todos tus pensamientos te los han dado otros. Observa: ¿puedes encontrar un solo pensamiento que sea tuyo, auténticamente tuyo, que tú hayas engendrado? Todos son prestados. Puede que su procedencia te sea conocida o desconocida, pero todos son prestados. La mente funciona como un ordenador, pero antes de que el ordenador pueda darte alguna respuesta, tienes que suministrarle los datos. Tienes que suministrarle toda la información; entonces te dará la respuesta. Eso es lo que ha estado haciendo la mente.

La mente es un bioordenador. Tú sigues acumulando datos, conocimientos, información, y entonces, cuando surge una cierta pregunta, tu mente suministra la respuesta tomándola de esa compilación. No es una respuesta auténtica; sale solo del pasado muerto.

¿Qué es el entendimiento? El entendimiento es inteligencia pura. Esa inteligencia pura es originalmente tuya; naces con ella. Nadie puede darte inteligencia. Se te pueden dar conocimientos, no inteligencia. La inteligencia es tu propio ser aguzado. A través de la meditación profunda, uno aguza su ser; a través de la meditación, uno desecha los pensamientos prestados, recupera su propio ser, recupera su originalidad... recupera su infancia, inocencia, lozanía. Con esa lozanía, cuando actúas lo haces con entendimiento. Y entonces la respuesta es total, aquí-ahora; y la respuesta se debe al reto, no al pasado.

Por ejemplo, alguien te hace una pregunta. ¿Qué haces? Inmediatamente entras en la mente y encuentras la respuesta. Inmediatamente vas al sótano de la mente, en el que has acumulado todos tus conocimientos, y encuentras allí la respuesta. Entonces es pensamiento.

Alguien te hace una pregunta y te quedas en silencio; examinas la pregunta con ojos penetrantes; no la memoria, sino la pregunta. Afrontas la pregunta, haces frente a la pregunta. Si no sabes, dices que no sabes. Por ejemplo, alguien te pregunta si Dios existe o no. Inmediatamente, dices: «Sí, Dios existe». ¿De dónde viene esta respuesta? ¿De tu memoria? ¿De tu memoria cristiana, tu memoria hindú, tu memoria musulmana? Entonces es casi inútil, fútil. Si tienes una memoria comunista, dirás: «No, Dios no existe». Si tienes una memoria católica, dirás: «Sí, Dios existe». Si tienes una memoria budista, dirás: «No hay Dios». Pero estas respuestas vienen de la memoria. Si eres una persona con entendimiento, simplemente escucharás la pregunta, considerarás a fondo la pregunta. Simplemente observarás. Si no lo sabes, dirás: «No lo sé». Si lo sabes, solo entonces dirás que sabes. Y cuando digo «si lo sabes», quiero decir si realmente *tienes consciencia* de ello.

Un hombre con entendimiento es genuino. Incluso si dice «no sé», su ignorancia es más valiosa que los conocimientos de la mente, porque al menos su ignorancia, su aceptación de la ignorancia, está más cerca de la verdad. Al menos no está intentando fingir, no es un hipócrita.

Observa, y verás que todas tus respuestas vienen de tu memoria. Entonces trata de encontrar el lugar en el que la memoria no funciona y funciona la consciencia pura. Eso es el entendimiento.

He oído que:

El médico entró en la habitación de la paciente. Cinco minutos después, salió y pidió un sacacorchos, luego volvió a su paciente. A los cinco minutos, volvió a salir y pidió un cincel y un martillo.

El marido, ansioso, ya no pudo aguantar más. Le rogó:

—Por amor de Dios, doctor, ¿qué le pasa a mi esposa?

—Aún no lo sé —replicó el médico—. No consigo abrir mi maletín.

A veces, ni siquiera cuando dices «No sé», proviene necesariamente del entendimiento. Puede que simplemente no consigas abrir tu maletín. Puede que no logres abrir tus recuerdos, o que no seas capaz de encontrar nada en la memoria; necesitas tiempo. Dices: «No sé. Dame tiempo, deja que lo piense». ¿De qué te servirá pensar? Si sabes, sabes; si no sabes, no sabes. ¿En qué vas a pensar? Pero dices: «Dame tiempo, pensaré en ello». ¿Qué estás diciendo? Estás diciendo: «Tendré que ir al sótano de la mente y buscar. Y hay tanta basura acumulada con los años que resulta difícil encontrar algo, pero haré todo lo que pueda».

Medita, y libérate de este sótano. No es que el sótano no sea útil; se puede usar. Pero no debería convertirse en un sustituto de tu entendimiento.

Un hombre con entendimiento mira las cosas directamente. Su visión es directa. Pero puede usar toda su acumulación de conocimientos para ayudar a que ese entendimiento te llegue. Puede usar todo lo que ha acumulado para hacerte comprender claramente todo lo que está tratando de comunicarte. Pero lo que está tratando de comunicarte es suyo. Puede que las palabras sean prestadas, puede que el lenguaje sea prestado —tiene que ser prestado—, puede que los conceptos sean prestados, pero no lo que está tratando de comunicarte. El envase saldrá de la memoria, pero el contenido será su entendimiento.

Y, por supuesto, alguien que no tiene entendimiento es víctima continuamente de muchísimos pensamientos, porque no tiene un entendimiento que le dé un centro. Tiene una multitud de pensamientos, con un profundo antagonismo los unos contra los otros. Tiene una multitud... ni siquiera un grupo, ni siquiera una sociedad, sino un tropel de pensamientos zumbando dentro de la cabeza. De modo que si vas demasiado lejos con tu pensamiento, un día te volverás loco. Demasiado pensamiento puede crear locura.

En las sociedades primitivas, la locura es rara. Cuanto más civilizada es una sociedad, más gente se vuelve loca. Aun en las sociedades civilizadas, se vuelve loca más gente que trabaja con su intelecto. Esto es deplorable, pero es un hecho: se vuelven locos más psicoanalistas que en ninguna otra profesión. ¿Por qué?... Demasiado pensamiento. Es muy difícil controlar tantos pensamientos contradictorios juntos. Al intentar controlarlos, todo tu ser se vuelve un caos.

El entendimiento es uno, el entendimiento es central. Es simple; los pensamientos son muy complejos.

Un marido agobiado por su mujer visitó a un psiquiatra y le dijo que tenía una pesadilla frecuente.

—Cada noche —dijo— sueño que he naufragado con doce hermosas mujeres.

—¿Qué tiene eso de terrible? —preguntó el psiquiatra.

—¿Ha intentado alguna vez cortejar a doce mujeres?

Ese era su problema: cómo cortejar a doce mujeres. Es difícil cortejar incluso a una mujer.

Pensar es como cortejar a miles y miles de mujeres a tu alrededor. Naturalmente, uno se vuelve loco. La comprensión es muy simple: estás casado con un entendimiento pero ese entendimiento funciona como una luz, una linterna. Dondequiera que enfocas tu linterna, se revelan misterios. Dondequiera que enfocas tu linterna, la oscuridad desaparece.

Trata de encontrar tu entendimiento oculto. Y la manera de hacerlo es dejar de pensar. Y para dejar de pensar hay dos posibilidades: o la meditación o el amor.

De reaccionar a responder

La reacción es de los pensamientos, y la respuesta es entendimiento. La reacción viene del pasado; la respuesta siempre está en el presente. Pero normalmente reaccionamos: ya lo tenemos todo preparado dentro. Alguien hace algo y reaccionamos como si hubiesen pulsado un interruptor. Alguien te insulta y te enfadas; eso ha sucedido antes, y siempre ha sucedido de la misma manera. Se ha vuelto casi como un interruptor: alguien lo pulsa y tú te enfadas. No hay ni un solo momento de espera, ni un solo momento en el que contemplas la situación... porque puede que la situación sea diferente. Puede que la persona que te está insultando tenga razón. Puede que simplemente te haya revelado una verdad, y por eso te sientes insultado. O puede que esté absolutamente equivocado, o puede que sea simplemente una persona vil. Pero tienes que considerar a la persona: si tiene razón, tienes que agradecerle, porque te ha enseñado algo. Ha mostrado compasión hacia ti, ha sido afectuoso llevando una verdad a tu corazón. Puede que te duela, pero eso no es culpa suya.

O, quizá, es simplemente estúpido, ignorante. Sin saber nada de ti, ha dicho algo impulsivamente. Entonces no hay necesidad de enfadarse; simplemente está equivocado. A nadie le preocupa algo que es absolutamente erróneo. A menos que haya algo de verdad en ello, nunca te irrita. Te puedes reír de ello, de lo completamente absurdo que es. Es ridículo.

O la persona es simplemente vil y así es como se comporta. Insulta a todo el mundo. De modo que no te está haciendo nada a ti en particular; simplemente está siendo como es; eso es todo. Así es que, de hecho, no es necesario hacer nada. Es simplemente ese tipo de persona.

Alguien insultó a Buda. Su discípulo Ananda le preguntó: «Yo me estaba enfadando y tú te mantuviste en silencio. Al menos deberías haberme permitido decir algo; yo le habría corregido».

Buda dijo: «Me sorprendes. Primero me sorprendió él, y ahora me sorprendes tú. Todo lo que decía era irrelevante. No tiene ninguna relación con nosotros, así que ¿por qué entrar en ello? Pero tú me sorprendes aún más: te has disgustado, pareces enfadado. Eso es una tontería. Castigarte a ti mismo por el error de otro es absurdo. Te estás castigando a ti mismo. Cálmate. No hay necesidad de enfadarse... porque la ira es fuego. ¿Por qué estás quemando tu propia alma? Si él ha cometido algún error, ¿por qué te castigas a ti mismo? Es estúpido». Pero reaccionamos.

He oído que:

Un hombre le decía a uno de sus amigos:

—Para complacer a mi mujer, he dejado de fumar, de beber y de jugar a las cartas.

—Eso debe de haberla hecho muy feliz —dijo su amigo.

—No, no ha sido así. Ahora, cada vez que empieza a hablarme, no se le ocurre nada que decir.

La gente vive vidas mecánicas, como de robot. Si tu mujer te ha estado regañando continuamente para que dejes de fumar, y crees que será feliz si lo dejas, te equivocas. Si fumas, es infeliz, y si dejas de fumar, será infeliz porque entonces no encontrará ninguna excusa para regañarte.

Una mujer me dijo que no quería que su marido fuera perfecto. Le pregunté: «¿Por qué?», y me dijo: «Porque me encanta refunfuñar». Si el marido es perfecto, ¿qué vas a hacer? Te quedarás aturdida.

Obsérvate, observa a los demás, y verás cómo se están comportando de una forma mecánica: inconscientes, como sonámbulos, caminando dormidos.

La reacción es de la mente; la respuesta es de la no-mente.

De la creencia a la fe

La creencia es de la mente, del pensamiento; la fe es de la no-mente, de la consciencia, del entendimiento.

Sucedió en un pueblo de las montañas; el cazador le dijo a su guía:

—Este parece ser un barranco muy peligroso. Es asombroso que no pongan una señal de precaución.

—Hubo una durante dos años —admitió el guía nativo— pero alguien se cayó por el precipicio, así que la quitaron.

La creencia es ciega: crees porque te han enseñado a creer, pero nunca entra muy hondo en ti, porque no tiene entendimiento de la situación. Es solo una etiqueta superflua, algo que te han añadido. No se ha gestado en ti, no ha brotado de tu entendimiento. Es solo algo prestado, de manera que nunca penetra en tu ser. Lo llevas unos días, y luego, al ver que es inservible y que no sucede nada, lo dejas de lado. Hay cristianos que no son cristianos; hay hindúes que no son hindúes. Solo son hindúes debido a esas creencias que nunca sirvieron, esas creencias que nunca han respetado. Piensan que son cristianos, hindúes, musulmanes, pero ¿cómo puedes ser musulmán si no has vivido tu creencia?

Pero la verdad es que la creencia *no puede* ser vivida. Si uno empieza a estar más alerta, observando la vida, respondiendo, entonces poco a poco surge la fe. La fe es tuya; la creencia es de otros. Desecha las creencias para que pueda surgir la fe. Y no te des por satisfecho con las creencias; de lo contrario, la fe nunca puede surgir.

De la lástima a la compasión

La lástima es de la mente: sientes que alguien tiene problemas, que alguien está sufriendo; piensas que alguien está sufriendo y que tienes que ayudarle. Te han enseñado a ayudar, a ser útil, a ser sumiso, a ser un buen ser humano, a ser un buen ciudadano, a ser esto y lo otro. Te lo han enseñado, así que sientes lástima.

La compasión no tiene nada que ver con vuestras enseñanzas. La compasión surge como empatía, no como lástima. La compasión surge cuando puedes ver a la otra persona tal como es, y cuando la ves tan totalmente que empiezas a sentirla. Empiezas a sentirte en la misma situación.

Sucedió que Ramakrishna iba de una orilla del Ganges a la otra, cerca de Dakshineshwar. En la otra orilla, varias personas habían rodeado a un pescador y le estaban dando una paliza. Ramakrishna estaba en mitad del río. Empezó a llorar y a sollozar, y empezó a gritar:

—¡Parad, no me peguéis! —La gente que estaba sentada a su alrededor, en la barca, sus discípulos, no podían creer lo que estaba pasando.

—¿Quién te está pegando? —decían—, ¿qué estás diciendo? ¿Te has vuelto loco?

—¡Mirad! Me están pegando allí, en la otra orilla —dijo Ramakrishna.

Entonces miraron; vieron que la gente le estaba pegando a un hombre. Y Ramakrishna dijo:

—Mirad mi espalda.

Le quitaron la ropa de la espalda: tenía marcas en la espalda, estaba sangrando. Resultaba imposible de creer. Sus discípulos se apresuraron a ir a la otra orilla, agarraron al hombre que había sido golpeado y le miraron la espalda: tenía exactamente las mismas marcas.

Esto es empatía: ponerse en el lugar de alguien tan totalmente que lo que le está sucediendo a él empieza a sucederte a ti. Entonces surge la compasión. Pero estos estados son todos de la no-mente.

De la comunicación a la comunión

La comunicación es de la mente: verbal, intelectual, conceptual. La comunión es de la no-mente, del silencio profundo; una transferencia de energía, no verbal; un salto de un corazón a otro: inmediato, sin ningún vehículo.

Lo básico, lo más esencial que hay que recordar —porque divide tu vida, divide el mundo entero en dos mundos— es que, si estás mirando a través de una pantalla de pensamientos, entonces vives en un mundo. El mundo de los pensamientos es el mundo de la creencia, de pensar, de la lástima. Si estás mirando con ojos limpios, ojos libres de nubes, tu percepción tiene claridad. Es pura, es simplemente ver las cosas tal como son, sin proyectar nada sobre ellas. Entonces tienes entendimiento, entonces tienes meditación. Entonces el mundo entero cambia. Y el problema es que la mente puede engañarte. Crea lástima. Crea monedas falsas: en vez de compasión, crea lástima. La lástima es una moneda falsa. En lugar de comunión, tiene solo comunicación, que es una moneda falsa. En vez de fe, tiene creencia, que es una moneda falsa.

Recuérdalo: la mente intenta sustituir. ¿Te falta algo? La mente trata de sustituirlo. Estate muy alerta, porque todo lo que pueda hacer la mente va a ser falso. La mente es la gran falsificadora, la mayor embaucadora que existe. Ayuda, trata de consolarte, te da algo falso para que ya no anheles lo real.

Por ejemplo, si has ayunado durante el día, por la noche soñarás con comida, que cenas en grandes restaurantes, o que te invitan a palacios de reyes y comes comida deliciosa. ¿Por qué? Has estado hambriento todo el día, ahora te resulta difícil dormir debido al hambre; la mente crea un sustituto, un sueño. ¿No lo has observado? Por la noche tienes la vejiga llena y te gustaría ir al cuarto de baño, pero si lo haces, no podrás seguir durmiendo: inmediatamente, la mente crea un sueño en el que estás en el cuarto de baño. Entonces puedes seguir durmiendo. Te da un sustituto. El sustituto es un consuelo. No es real, pero, de momento, ayuda.

De manera que ten cuidado con los consuelos de la mente. Busca la realidad, porque solo la realidad puede colmarte. Los consuelos nunca pueden ser satisfactorios. Puedes comer todo lo que quieras en tus sueños, puedes disfrutar su fragancia, su sabor, su color, todo... pero no va a ser nutritivo. La creencia puede darte toda la fragancia de la fe, el sabor, el color. Puedes disfrutarlo, pero no te nutrirá. Solo la fe puede nutrir.

Recuerda siempre: lo que te nutre es real, y lo que simplemente te da un consuelo es muy peligroso. Debido a este consuelo, no buscarás la comida auténtica. Si empiezas a vivir en sueños y no comes comida auténtica, poco a poco te disiparás, desaparecerás, te secarás, y estarás muerto.

Así que toma medidas inmediatamente: cada vez que la mente trate de darte un sustituto, no la escuches. Es una gran vendedora, una gran seductora. Te convence; dice: «Estas cosas son baratas. La fe es muy difícil de encontrar, porque tendrás que arriesgar tu vida; la creencia es fácil, muy barata. La puedes conseguir por nada». De hecho, tantas personas están listas... si aceptas su creencia, están listas para darte algo más con ella: hazte cristiano, hazte hindú, hazte musulmán. La gente está lista para darte una gran bienvenida y respeto, respetabilidad. Todo está disponible; tan solo acepta su creencia. La creencia no solo es barata, incluso puede traer muchas más cosas consigo.

La fe es peligrosa, nunca es barata. El entendimiento es peligroso, nunca es barato. Lo real es peligroso. Tendrás que arriesgar toda tu vida. Requiere valentía.

El amo y el sirviente

He oído una antigua historia:

Un rey era muy afortunado con uno de sus sirvientes. Era tan leal, tan totalmente leal al rey; estaba siempre dispuesto a sacrificar su vida por el rey. El rey era inmensamente feliz, y muchas veces había salvado al rey, arriesgando su propia vida. Era el guardaespaldas del rey.

Un día, el rey se sintió tan afortunado con ese hombre que le dijo:

—Si deseas cualquier cosa, si tienes cualquier deseo, simplemente dímelo y lo satisfaré. Has hecho tanto por mí que nunca podré mostrar mi gratitud, nunca podré recompensarte, pero hoy me gustaría satisfacer cualquiera de tus deseos, sea lo que sea.

—Ya me has dado demasiado. Soy tan dichoso solo por estar siempre contigo... No necesito nada —respondió el sirviente.

Pero el rey insistió. Cuando más decía el sirviente «No es necesario», más insistía el rey. Finalmente, el sirviente dijo:

—Entonces, está bien. Haz que yo sea el rey durante veinticuatro horas, y tú serás el guardián.

El rey se sintió un poco aprensivo, asustado, pero era un hombre de palabra y tuvo que satisfacer el deseo. Así es que se convirtió en el guardián por veinticuatro horas y el guardián se convirtió en el rey. ¿Y sabes qué hizo el guardián? ¡Lo primero que hizo fue ordenar que matasen al rey, lo condenó a muerte!

—¿Qué estás haciendo? —le dijo el rey.

—¡Cállate! Eres el guardián y nada más. ¡Es mi deseo y ahora yo soy el rey!

Mataron al rey, y el sirviente se convirtió en rey para siempre.

Los sirvientes tienen sus propias tácticas retorcidas para convertirse en amos.

La mente es uno de los mecanismos más bellos, el más complejo, el más evolucionado. Te ha servido bien, continúa sirviéndote bien. Debido a sus servicios, has repetido esa misma historia en tu vida; todo el mundo ha repetido la misma historia. Has hecho a la mente el amo, y ahora el amo te trata como a un sirviente.

Este es el problema, no que la mente tenga que ser eliminada. Si eliminas la mente, te volverás loco. Sin la mente solo hay una profesión a la que puedes dedicarte: ¡la política!

He oído que un hombre —debe de ser alguna historia del futuro—, un hombre fue al hospital porque su cerebro se había averiado en un accidente de coche y quería uno nuevo. Así que le pidió al cirujano que le mostrase todos los tipos de cerebros disponibles. El cirujano le llevó por el hospital; había muchos cerebros. El primer cerebro pertenecía a un catedrático, un matemático. Preguntó el precio: cincuenta dólares. Se quedó sorprendido: un matemático famoso, un premio Nobel, ¡solo cincuenta dólares! Luego había un músico, y el suyo solo costaba treinta dólares. Luego había el cerebro de un hombre de negocios, y solo costaba veinte dólares. Y así siguieron otros por el estilo. Al final, llegaron al cerebro de un político: ¡costaba cinco mil dólares! El hombre se quedó perplejo. Preguntó:

—¿Por qué cuesta tanto?

—Porque nunca ha sido usado —respondió el médico.

Necesitarás toda la mente que tienes: simplemente sé su amo. Úsala, y no seas utilizado por ella.

Y de eso es todo de lo que se trata la meditación: el arte de apartarse de la mente, de estar por encima de la mente, de trascender la mente, de saber que «No soy la mente». Eso no significa que tengas que eliminar la mente. Saber que no eres la mente vuelve a hacerte el amo. Entonces puedes usar la mente. Ahora mismo, la mente no está en tus manos.

Conocido, desconocido, incognoscible

La inteligencia es el claro entendimiento de las cosas acerca de las que no tienes ninguna información. La memoria solo puede funcionar respecto a las cosas que te son conocidas; pero la vida consta de lo conocido, lo desconocido y lo incognoscible. En lo que respecta a lo conocido, la memoria es suficiente.

Eso es todo lo que hacen todas vuestras universidades y todos vuestros sistemas educativos: simplemente suministran a tu memoria más y más información, y todo lo que le resulte conocido a tu memoria serás capaz de responderlo inmediatamente. Esa respuesta no demuestra que seas inteligente.

La inteligencia solo se conoce cuando te enfrentas a lo desconocido, sobre lo que no tienes nada en la memoria, ningún conocimiento, ninguna información de antemano. Cuando te enfrentas a lo desconocido, ese es el momento decisivo. ¿Cómo respondes?

Inteligencia significa la capacidad de responder a nuevas situaciones. Surge de tu ser —la mente es solo un vehículo— un tipo de consciencia de lo que es la mente, sin pertenecer a ella. La inteligencia es la cualidad del testigo: observa la mente y da dirección a la mente.

Una historia:

El estudiante Doko se acercó al maestro y le preguntó:

—¿En qué estado mental debería buscar la verdad?

—No hay mente, así es que no puedes ponerla en ningún estado, y no hay verdad, así es que no puedes buscarla —respondió el maestro.

—Si no hay mente y no hay verdad, ¿por qué se reúnen todos estos estudiantes ante ti todos los días para estudiar? —insistió Doko, y el maestro miró a su alrededor y dijo:

—No veo a nadie.

—Entonces ¿a quién estás enseñando?

—No tengo lengua, de modo que, ¿cómo voy a enseñar?

—No te sigo; no comprendo —dijo Doko con tristeza.

—Yo mismo no comprendo —afirmó el maestro.

La vida es un misterio tal que nadie puede comprenderla, y el que afirme que la comprende, simplemente es ignorante. No es consciente de lo que dice, de la tontería que está diciendo. Si eres sabio, este será el primer entendimiento: no se puede comprender la vida. La comprensión es imposible. Solo se puede comprender esto: que la comprensión es imposible. Eso es lo que dice esta hermosa anécdota zen.

El maestro dice: «Yo mismo no lo comprendo». Si vas a preguntarles a los iluminados, esta será su respuesta. Pero si vas a preguntarles a
los no iluminados, te darán muchas respuestas, propondrán muchas
doctrinas; tratarán de resolver el misterio que no puede ser resuelto.
No es un acertijo. Un acertijo se puede resolver, un misterio es irreso-
luble por su propia naturaleza: no hay manera de resolverlo. Sócrates
dijo: «Cuando era joven, pensaba que sabía mucho. Cuando me hice
viejo, comprendí que no sabía nada».

Se cuenta de uno de los maestros sufíes, Junnaid, que estaba traba-
jando con un joven. El joven no era consciente de la sabiduría interna
de Junnaid, y Junnaid vivía una vida tan corriente que se necesitaba tener ojos muy penetrantes para darse cuenta de que estabas junto a un
buda. Trabajaba como un obrero corriente, y solo los que tenían ojos le
podrían reconocer. Reconocer a Buda era muy fácil: estaba sentado bajo
un árbol bodhi; reconocer a Junnaid era muy difícil: trabajaba como
obrero, no se sentaba bajo un árbol bodhi. Era absolutamente corriente en todos los sentidos.

Trabajaba con él un joven, y ese joven estaba continuamente mos-
trando sus conocimientos, de manera que, no importaba lo que hiciera
Junnaid, él decía: «Esto está mal. Esto se puede hacer de esta forma y estará mejor». Lo sabía absolutamente todo. Al fin, Junnaid se rió y dijo:

—Chaval, no soy lo suficientemente joven para saber tanto.

Esto es realmente bueno. Dijo: «No soy lo suficientemente joven
para saber tanto». Solo un joven puede ser tan tonto, tan inexperto. Sócrates tenía razón cuando dijo: «Cuando era joven, sabía demasiado.
Cuando me hice una persona madura, experimentada, caí en la cuenta
de una sola cosa: de que era absolutamente ignorante».

La vida es un misterio; eso significa que no puede ser resuelta.
Y cuando todos los esfuerzos por resolverla resultan ser inútiles, el
misterio se hace evidente para ti. Entonces las puertas están abiertas;
entonces estás invitado. Como conocedor, nadie entra en lo divino;
como niño, ignorante, sin saber en absoluto, el misterio te abraza. Con
una mente que sabe, eres listo, no inocente. La inocencia es la puerta.

Este maestro zen tenía razón cuando decía: «Yo mismo no lo comprendo». Era una respuesta muy profunda, realmente profunda, la más profunda posible. Pero esta es la última parte de la anécdota. Empieza por el principio.

El discípulo fue a ver al maestro zen y le dijo:

—¿En qué estado mental debería buscar la verdad? —Y el maestro respondió:

—No hay mente, así que no puede haber ningún estado mental.

La mente es la ilusión que no existe pero lo parece, y lo parece tanto que piensas que eres la mente. La mente es *maya*, la mente es solo un sueño, la mente es solo una proyección... una burbuja de jabón flotando sobre un río. El sol está saliendo, los rayos penetran en la burbuja; se crea un arco iris y no hay nada en ella. Cuando tocas la burbuja, se rompe y todo desaparece —el arco iris, la belleza—, no queda nada. Solo el vacío se hace uno con el vacío infinito. Solo había una pared, una pared de burbuja. Tu mente es solo una pared de burbuja... dentro, tu vacío; fuera, mi vacío. Es solo una burbuja, pínchala, y la mente desaparece.

El maestro dijo: «No hay mente, así que ¿de qué tipo de estado estás hablando?». Es difícil de entender. La gente viene a mí y me dice: «Nos gustaría alcanzar un estado mental silencioso». Piensan que la mente puede estar en silencio; la mente nunca puede estar en silencio. La mente es la agitación, la enfermedad, la dolencia; la mente es el estado tenso, angustiado. La mente no puede estar en silencio; cuando hay silencio no hay mente. Cuando llega el silencio, la mente desaparece; cuando está la mente, ya no hay silencio. De modo que no puede haber ninguna mente silenciosa, así como no puede haber ninguna enfermedad sana. ¿Es posible tener una enfermedad sana? Cuando hay salud, la enfermedad desaparece. El silencio es la salud interna; la mente es la enfermedad interna, la perturbación interna.

De manera que no puede haber ninguna mente silenciosa, y el discípulo está preguntando: «¿Qué tipo, qué clase, qué estado mental debería alcanzar?». A quemarropa, el maestro dijo: «No hay mente, así que no puedes alcanzar ningún estado». Así que, por favor, desecha esta ilusión; no trates de alcanzar ningún estado en la ilusión. Es como si estás pensando en viajar al arco iris y me preguntas: «¿Qué pasos debería dar para viajar al arco iris?». Yo digo: «No hay arco iris. El arco iris es solo una apariencia, así que no se puede dar ningún paso». Un arco iris simplemente parece que está, pero no está. No es una realidad, es una interpretación falsa de la realidad.

La mente no es tu realidad; es una interpretación falsa. No eres la mente, nunca has sido una mente, nunca puedes ser la mente. Ese es tu problema: te has identificado con algo que no existe. Eres como un mendigo que cree que tiene un reino. Está tan preocupado por el reino... cómo administrarlo, cómo gobernarlo, cómo evitar la anarquía. No hay reino, pero está preocupado.

Chuang Tsé soñó una vez que se había convertido en una mariposa. Por la mañana estaba muy deprimido. Sus amigos le preguntaron:

—¿Qué ha pasado? Nunca te hemos visto tan deprimido.

Chuang Tsé respondió:

—Estoy hecho un lío, estoy muy confuso, no logro comprender. Por la noche, mientras dormía, soñé que me había convertido en una mariposa.

Así es que los amigos se rieron.

—A nadie le alteran nunca los sueños. Cuando te despiertas, el sueño ha desaparecido, así que ¿por qué estás alterado?

—Esa no es la cuestión. Ahora estoy desconcertado. Si Chuang Tsé puede convertirse en una mariposa en un sueño, es posible que ahora la mariposa se haya dormido y esté soñando que es Chuang Tsé —dijo—. Si Chaung Tsé puede convertirse en una mariposa en el sueño, ¿por qué no lo otro? La mariposa puede soñar y convertirse en Chuang Tsé. Así que ¿qué es real? ¿Que Chuang Tsé soñó que se había convertido en una mariposa, o que la mariposa está soñando que se ha convertido en Chuang Tsé? ¿Qué es real? Hay arco iris. Puedes convertirte en mariposa en sueños. Y te has vuelto una mente en este sueño más grande que llamas la vida. Cuando despiertas, no alcanzas un estado mental despierto, alcanzas un estado no mental, alcanzas la no-mente.

¿Qué significa «no-mente»? Es difícil de entender. Pero a veces, sin darte cuenta, la has alcanzado. Puede que no la hayas reconocido. A veces, sentado normalmente, sin hacer nada, no hay ningún pensamiento en la mente... porque la mente es tan solo el proceso de los pensamientos. No es una sustancia, es solo una procesión. Estás aquí en este auditorio en el que estoy hablando. Puedo decir que aquí hay un gentío, pero ¿existe realmente algo como un gentío? ¿Es sustancial un gentío, o solo hay individuos aquí? Cuando los individuos se han ido, no hay ningún gentío.

La mente es como un gentío; los pensamientos son los individuos. Y como hay pensamientos continuamente, piensas que el proceso es sustancial. Desecha cada pensamiento individual y al fin no queda nada.

No hay mente como tal, solo pensamientos.

Los pensamientos pasan tan rápidamente que no distingues el intervalo entre dos pensamientos. Pero siempre hay un intervalo. Ese intervalo eres tú. En ese intervalo no hay ni Chuang Tsé ni la mariposa; porque la mariposa es un tipo de mente y Chuang Tsé también es un tipo de mente. Una mariposa es una combinación diferente de pensamientos, Chuang Tsé es otra combinación diferente, pero ambos son mentes. Cuando no hay mente, quién eres... ¿Chuang Tsé o una mariposa? Ninguno de los dos. ¿Y qué es ese estado? ¿Estás en un estado mental iluminado? Si piensas que estás en un estado mental iluminado, esto es de nuevo un pensamiento, y cuando hay *pensamiento* no estás *tú*. Si sientes que eres un buda, esto es un pensamiento. Ha entrado la mente; ahora está presente el proceso del pensamiento, el cielo está nublado de nuevo, ha perdido el azul. Ya no puedes ver el azul infinito.

Intenta estar alerta entre dos pensamientos: observa el intervalo, el espacio entre medias. Verás «no-mente»; *esa* es tu naturaleza. Porque los pensamientos vienen y van —son accidentales— pero ese espacio interno siempre permanece. Las nubes se acumulan y se van, desaparecen —son accidentales— pero el cielo permanece. Eres el cielo.

Sucedió una vez que un buscador de la verdad vino a ver a Bayazid, un místico sufí, y le preguntó:

—Maestro, soy una persona muy colérica. Me sucede la ira con mucha facilidad; me enfurezco muchísimo y hago cosas. Después, no puedo ni creer que pueda hacer cosas así; pierdo la razón. Así que ¿cómo dar de lado a esta ira, cómo superarla, cómo controlarla?

Bayazid tomó en sus manos la cabeza del discípulo y le miró a los ojos. El discípulo se turbó un poco, y Bayazid dijo:

—¿Dónde está esa ira? Me gustaría examinarla.

El discípulo se rió incómodo y dijo:

—Ahora mismo, no estoy enfadado. A veces me sucede.

—Lo que sucede a veces no puede ser tu naturaleza —dijo Bayazid—. Es un accidente, viene y va. Es como las nubes; así que ¿por qué preocuparte por las nubes? Piensa en el cielo que siempre está ahí.

Esta es la definición de la consciencia: *atma*, el Ser, el cielo que siempre está ahí. Todo lo que viene y va es irrelevante; no te incomodes por ello, es solo humo. El cielo que permanece eternamente nunca cambia, nunca se hace diferente. Entre dos pensamientos, cae en ese espacio; siempre está ahí entre dos pensamientos. Obsérvalo y, de pronto, caerás en la cuenta de que estás en la no-mente.

El maestro tenía razón cuando dijo: «No hay mente, así que no puede haber ningún estado mental. ¿Qué tontería estás diciendo?».

Pero la tontería tiene su propia lógica. Si piensas que tienes una mente, empezarás a pensar desde el punto de vista de «estados»: un estado mental ignorante, un estado mental iluminado. Una vez que aceptas la mente, una vez que aceptas lo ilusorio, estás abocado a seguir dividiéndolo. Y una vez que aceptas que la mente existe, empezarás a buscar algo.

La mente solo puede existir si sigues buscando algo. ¿Por qué? Buscar es desear, buscar es irse al futuro, buscar crea sueños. De manera que alguien busca poder, política, alguien busca riquezas, reinos, y luego alguien busca la verdad. Pero hay búsqueda, y *buscar* es el problema, no *lo que* estás buscando. El objeto nunca es el problema, cualquier objeto servirá. La mente puede agarrarse a cualquier objeto. Cualquier excusa le es suficiente para existir.

El maestro dijo: «No hay ningún estado mental porque no hay mente. Y no hay verdad, así que ¿de qué hablas? No puede haber ninguna búsqueda».

Este es uno de los mensajes más grandes que se han dado nunca. Es muy difícil; el discípulo no puede concebir que no haya verdad. ¿Qué quiere decir este maestro cuando dice que no hay verdad? ¿Quiere decir que no hay verdad?

No, está diciendo que para ti, que eres un buscador, no puede haber verdad. Buscar siempre conduce a lo falso. Solo una mente que no busca percibe lo que es. Cuando buscas, te has perdido lo que es. Buscar siempre va hacia el futuro, buscar nunca puede estar aquí y ahora. ¿Cómo vas a buscar aquí y ahora? Aquí y ahora, solo puedes *ser*. Buscar es desear —entra el futuro, entra el tiempo— y este momento, este aquí y ahora se pierde. La verdad está aquí, ahora.

Si vas a un buda y le preguntas: «¿Existe Dios?», lo negará inmediatamente: «No hay Dios». Si dice que existe, crea un buscador; si dice que Dios existe, empezarás a buscar. ¿Cómo vas a permanecer quieto si hay un Dios al que buscar? ¿Adónde deberías correr para encontrarlo? Has creado otra ilusión.

Has sido un buscador durante millones de vidas; buscando esto o lo otro, este objeto, aquel objeto, este mundo o ese mundo, pero has sido un buscador. Ahora eres un buscador de la verdad, pero el maestro dice que no hay verdad. Arranca con fuerza el suelo mismo sobre el que estás, sobre el que está tu mente. Simplemente te empuja al abismo.

El que preguntaba dijo: «Entonces ¿por qué hay tantos buscadores a tu alrededor? Si no hay nada que buscar y no hay verdad, ¿por qué este gentío?». El que preguntaba seguía sin entenderlo, porque el intelecto siempre sigue así, sin entender. Podría haber mirado. Esta era la realidad: no había nadie.

Si no estás buscando, *no* estás, porque es la búsqueda lo que te da el ego. En este mismo momento, si no estás buscando a nadie, nada, entonces no estás aquí: no hay ningún gentío. Si no estoy enseñando nada —porque no hay nada que enseñar, ninguna verdad que enseñar—, si no estoy enseñando nada y vosotros no estáis aprendiendo nada, ¿quién está aquí? Existe el vacío, y el gozo del vacío puro. Los individuos desaparecen y se vuelve una consciencia oceánica.

Hay individuos debido a las mentes individuales. Tienes un deseo diferente, por eso te diferencias de tu vecino. El deseo crea distinciones. Yo estoy buscando algo, tú estás buscando otra cosa; mi camino se diferencia del tuyo, mi objetivo se diferencia del tuyo. Por eso me diferencio de ti. Si yo no estoy buscando y tú no estás buscando, los objetivos desaparecen, ya no hay caminos. ¿Cómo puede existir la mente entonces? La taza está rota. Mi té fluye en ti y tu té fluye en mí. Se vuelve una existencia oceánica.

El maestro miró a su alrededor y dijo: «No veo a nadie; no hay nadie».

Pero el intelecto sigue sin entender. El que preguntaba dijo: «Entonces ¿a quién estás enseñando? Si no hay nadie, entonces ¿a quién estás enseñando?». Y el maestro dijo: «No tengo lengua, así que ¿cómo voy a enseñar?». Sigue dándole pistas para que esté alerta, para que mire, pero el que pregunta está absorto en su propia mente. El maestro sigue golpeando, martillando su cabeza; está diciendo cosas sin sentido para sacarle de su cabeza.

Si hubieras estado allí, te habría convencido el que preguntaba, no el maestro. Habría parecido que el que preguntaba tenía toda la razón. Parecía que este maestro estaba loco, que era absurdo. ¡Estaba hablando! Y decía: «No hay lengua, así que ¿cómo voy a hablar?».

Estaba diciendo: «Mírame, no tengo forma. Mírame, no estoy encarnado. Te parece que tengo cuerpo, pero yo no soy eso, así que ¿cómo voy a hablar?».

La mente sigue sin entender. Esta es la desventura de la mente. Empujas, se recupera de nuevo; la golpeas, y por un momento parece que hay un hundimiento y un temblor, y vuelve a restablecerse.

¿Has visto la muñeca japonesa? La llaman muñeca *daruma*. La tiras de cualquier manera —patas arriba, al buen tuntún— pero, hagas lo que hagas, la muñeca se sienta en una postura búdica. La parte de abajo es tan pesada que no puedes hacer nada. Tírala de cualquier manera, y la muñeca vuelve a sentarse en una postura búdica. El nombre *daruma* viene de Bodhidharma; en Japón, el nombre de Bodhidharma es Daruma. Bodhidharma solía decir que tu mente es exactamente como esta muñeca. La tiraba, le daba patadas, pero, hiciese lo que hiciese, no podía desestabilizar a la muñeca; la parte inferior era tan pesada. La tiras cabeza abajo y vuelve a ponerse boca arriba.

De modo que este maestro siguió presionando. Un poco de vacilación, y la muñeca volvió a sentarse derecha, no lo entendió. Finalmente, desesperado, el que preguntaba dijo: «No te sigo, no comprendo». Y, con el golpe último, el maestro afirmó: «Yo mismo no comprendo».

Yo sigo enseñando, sabiendo muy bien que no hay nada que enseñar. Por eso puedo seguir infinitamente. Si hubiese algo que enseñar, yo ya habría terminado. Los budas pueden seguir sin parar porque no hay nada que enseñar. Es una historia interminable, nunca concluye, de manera que puedo seguir sin parar. Nunca acabaré; puede que vosotros os acabéis antes de que termine mi historia, porque no tiene fin.

Alguien me preguntó: «¿Cómo te las arreglas para seguir hablando cada día?». Yo le dije: «Porque no hay nada que enseñar». Puede que algún día lo percibas de repente: que no estoy hablando, que no estoy enseñando. Te habrás dado cuenta de que no hay nada que enseñar porque no hay verdad.

¿Qué disciplina os estoy dando? Ninguna. Una mente disciplinada es, de nuevo, una mente, aún más obstinada, más testaruda; una mente disciplinada es más estúpida. Vete a ver a los monjes disciplinados del mundo entero: cristianos, hindúes, jainistas. Siempre que veas a un hombre absolutamente disciplinado, encontrarás una mente estúpida detrás. Ha dejado de fluir. Está tan preocupado por encontrar algo que está dispuesto a hacer todo lo que le digas. Si dices: «Ponte cabeza abajo durante una hora», está dispuesto a estar cabeza abajo. Es debido al deseo. Si solo se puede alcanzar a Dios por medio de estar cabeza abajo durante horas, está dispuesto, pero debe alcanzarlo.

No os estoy dando ningún logro, ningún deseo; no hay ningún sitio al que llegar y no hay nada que lograr. Si te das cuenta de esto, has logrado este mismo momento. En este mismo momento eres perfecto; no hay nada que hacer, no hay nada que cambiar.

Por eso dijo el maestro: «Yo mismo no lo comprendo». Es difícil encontrar un maestro que diga: «Yo mismo no lo comprendo». Un maestro tiene que mantener que sabe, solo entonces le seguirás. Un maestro no solo debe afirmar que sabe, debe afirmar que *solo* él sabe, nadie más: «Todos los demás maestros están equivocados, solo yo sé». Entonces le seguirás. Debes estar absolutamente seguro, entonces te haces su seguidor. La certeza te da la sensación de que este es el hombre indicado, y si le sigues llegarás.

Os contaré una historia. Sucedió una vez que un supuesto maestro estaba viajando. En cada pueblo al que iba, afirmaba:

—Lo he alcanzado, he conocido lo divino. Si quieres, ven y sígueme.

La gente decía:

—Tenemos muchas responsabilidades. Algún día, confiamos en que podremos seguirte.

Le tocaban los pies, le rendían honores, le servían, pero nadie le seguía, porque había muchas otras cosas que debían hacer antes de irse a buscar lo divino. Lo primero es lo primero. Lo divino siempre es lo último, y lo último nunca llega, porque las primeras cosas son infinitas: nunca se acaban. Pero en un pueblo, un loco —estaba loco, de lo contrario, ¿quién iba a seguir a este maestro?— dijo:

—Muy bien. ¿Lo has alcanzado? —El maestro dudó un poco, mirando al loco, porque este hombre parecía peligroso, podría seguirle y crear problemas, pero no podía negarlo enfrente de todo el pueblo, así que dijo:

—Sí.

—Iníciame ahora —dijo el loco—. Te seguiré hasta el fin. Quiero alcanzar a Dios.

Este supuesto maestro se perturbó, pero ¿qué podía hacer? El loco empezó a seguirle, se convirtió en su sombra. Pasó un año.

—¿Cuánto falta, cuánto falta para llegar al templo? —preguntaba el loco—. No tengo prisa, pero ¿cuánto tiempo será necesario?

Para entonces, el maestro estaba ya muy incómodo y molesto con este hombre. Este loco dormía junto a él, iba a todas partes con él; se había convertido en su sombra. Y debido a él, su certeza se estaba disolviendo. Cada vez que en un pueblo decía: «Seguidme», se asustaba, porque este hombre le miraba y decía: «Te estoy siguiendo, maestro, y aún no lo he alcanzado».

Pasó el segundo año, pasó el tercer año... pasó el sexto año, y el loco dijo:

—No hemos llegado a ninguna parte. Simplemente vamos viajando a pueblos distintos y tú sigues diciéndole a la gente: «Seguidme». Yo te estoy siguiendo; todo lo que dices, lo hago, así que no puedes decir que no esté siguiendo la disciplina.

El loco estaba realmente loco; todo lo que le decía, lo hacía. Así que el maestro no podía engañarle diciendo que no estaba poniendo suficiente empeño. Finalmente, una noche, el maestro le dijo:

—Por tu culpa he perdido mi propio camino. Antes de conocerte, estaba seguro; ahora ya no lo estoy. Por favor, déjame.

Siempre que hay alguien seguro y tú estás lo suficientemente loco, empiezas a seguirle. ¿Puedes seguir al tipo de hombre que dice: «Yo mismo no sé. Yo mismo no comprendo»? Si puedes seguir a este hombre, llegarás. Ya has llegado si decides seguir a este hombre, porque es la mente la que pide certeza, la mente la que pide conocimientos. La mente pide también afirmaciones dogmáticas, de manera que si puedes estar dispuesto a seguir a un hombre que dice: «Yo mismo no sé», la búsqueda ha cesado. Ya no estás pidiendo conocimientos.

Alguien que pide conocimientos no puede pedir ser. Los conocimientos son tonterías; el ser es vida. Cuando dejas de pedir conocimientos, has dejado de preguntar acerca de la verdad, porque la verdad es el objetivo de los conocimientos. Si no preguntas qué es, sino que te quedas en silencio, sin mente... lo que es, es revelado.

Todo está accesible, ha estado accesible siempre; nunca lo has perdido. Pero debido solo a tu búsqueda —debido al futuro, al objetivo—, no puedes mirar. La verdad te rodea, existes en ella. Igual que el pez existe en el océano, tú existes en la verdad. La divinidad no es el objetivo, la divinidad es lo que existe aquí y ahora. Estos árboles, estos vientos que soplan, estas nubes que pasan, el cielo, tú, yo... esto es la divinidad. No es un objetivo.

Descarta la mente *y* al dios. Dios no es un objeto, es una fusión. La mente se resiste a una fusión, la mente está en contra de la entrega; la mente es muy astuta y calculadora.

Esta historia es hermosa. Tú eres el que pregunta. Has venido a adquirir conocimientos, a resolver el misterio, y yo te repito: No hay ningún estado mental, porque no hay mente. No hay verdad, de modo que buscar no tiene sentido. Toda búsqueda es fútil; la búsqueda en sí es estúpida. Busca y perderás. No busques y está aquí. Corre y te lo perderás. Párate... siempre ha estado ahí.

Y no trates de entender: *sé*.

Vuélvete ignorante, vuélvete como un niño. Solo el corazón de un niño puede llamar a las puertas del más allá, y solo el corazón de un niño es escuchado.

5

Fuera de la caja: liberarse del condicionamiento

TODOS LOS TIPOS DE CONDICIONAMIENTO SON VENENOS. Considerarse hindú es considerarse opuesto a la humanidad. Considerarse alemán, chino, es considerarse opuesto a la humanidad, es pensar en términos de enemistad, no de amistad.

Considérate solo un ser humano. Si tienes algo de inteligencia, considérate solo un simple ser humano. Y cuando tu inteligencia crezca un poco más, desecharás incluso el adjetivo «humano»; te considerarás tan solo un ser. Y el ser lo incluye todo: los árboles y los montes y los ríos y las estrellas y los pájaros y los animales.

Hazte más grande, hazte enorme. ¿Por qué vives en túneles? ¿Por qué entras subrepticiamente en pequeños y oscuros agujeros negros? Pero piensas que vives en grandes sistemas ideológicos. No estás viviendo en grandes sistemas ideológicos, porque no hay grandes sistemas ideológicos. Ninguna idea es lo suficientemente grande para contener a un ser humano; ningún concepto puede contener la esencia del ser. Todos los conceptos mutilan y paralizan.

No seas un católico y no seas un comunista, solo un ser humano. Todo eso son venenos, todo eso son prejuicios. Y a lo largo de los tiempos has estado hipnotizado para que tengas estos prejuicios. Se han vuelto parte de tu sangre, tus huesos, tu misma médula. Tendrás que estar muy alerta para deshacerte de todo este envenenamiento.

Tu cuerpo no está tan envenenado como tu mente. El cuerpo es un fenómeno simple, puede limpiarse fácilmente. Si has estado comiendo alimentos no vegetarianos, puedes dejar de hacerlo, no es gran cosa. Y si dejas de comer carne, en tres meses tu cuerpo estará completamente libre de todos los venenos creados por los alimentos no vegetarianos. Es simple. La fisiología no es muy complicada.

Pero los problemas surgen con la psicología. Un monje jainista nunca come ningún alimento envenenado, nunca come nada no vegetariano. Pero su mente está polucionada y envenenada como ninguna por el jainismo.

La verdadera libertad es libertad de toda ideología. ¿No puedes vivir simplemente sin ninguna ideología? ¿Es necesaria una ideología? ¿Por qué es tan necesaria una ideología? Es necesaria porque te ayuda a permanecer estúpido, es necesaria porque te ayuda a permanecer falto de inteligencia. Es necesaria porque te suministra respuestas prefabricadas y no necesitas encontrarlas por ti mismo.

El verdadero hombre inteligente no se agarrará a ninguna ideología. ¿Para qué? No cargará con un cargamento de respuestas prefabricadas. Sabe que tiene suficiente inteligencia, de modo que, no importa la situación que surja, será capaz de responder a ella. ¿Por qué cargar con un peso innecesario del pasado? ¿Para qué cargar con ello?

Y, de hecho, cuanto más cargues del pasado, menos serás capaz de responder al presente, porque el presente no es una repetición del pasado, es siempre nuevo; siempre, siempre nuevo. Nunca es lo viejo; puede que a veces parezca como lo viejo, pero no es viejo, hay diferencias básicas.

La vida nunca se repite a sí misma. Siempre es fresca, siempre nueva, siempre creciendo, siempre explorando, siempre entrando en nuevas aventuras. Tus viejas respuestas prefabricadas no te van a ayudar. De hecho, te obstaculizarán; no te permitirán ver la nueva situación. La situación será nueva, y la respuesta será vieja.

Por eso pareces tan estúpido en la vida. Pero permanecer estúpido parece más barato. Ser inteligente requiere esfuerzo, ser inteligente significa que tienes que crecer. Y el crecimiento es doloroso. Ser inteligente significa tener que estar continuamente alerta y consciente; no te puedes dormir, no puedes vivir como un sonámbulo.

Y ser inteligente tiene también varios peligros más. Ser inteligente es muy difícil porque tienes que vivir con las masas estúpidas. Vivir con ciegos y tener ojos es una situación peligrosa; están abocados a destruirte los ojos. No pueden tolerarte, eres una ofensa.

Por eso se crucifica a Jesús, se envenena a Sócrates, se mata a al-Halach, se decapita a Sarmad. Son las personas más inteligentes que nunca han caminado sobre la Tierra, y ¿cómo nos hemos comportado con ellos? ¿Por qué tiene que ser matado un hombre de la inteligencia de Sócrates? Se volvió insoportable. Su presencia se convirtió en una ofensa tal. Mirarle a los ojos significaba mirar en un espejo. Y somos tan desagradables que, antes que aceptar el hecho de que somos desagradables, el camino más fácil es destruir el espejo y olvidar por completo tu fealdad, y empezar a vivir de nuevo en el viejo sueño de que eres la persona más hermosa del mundo.

Destruimos a Sócrates porque era un espejo. Por eso ha decidido la gente que es mejor permanecer mediocre, es mejor seguir falto de inteligencia.

Justo el otro día estuve leyendo un informe. Varios psicólogos han descubierto en el Reino Unido que para cuando los grandes políticos han alcanzado los puestos más altos, su inteligencia ya está marchitándose. ¡Piensa tan solo en un hombre de ochenta y cuatro años llegando a primer ministro! Esos psicólogos han advertido al mundo entero que esto es peligroso. Personas que han pasado de los sesenta, setenta, ochenta años, llegan a primeros ministros y presidentes. Esto es peligroso para el mundo, porque tienen tanto poder y les queda tan poca inteligencia.

Pero esos psicólogos no son conscientes de otra cosa que me gustaría deciros. En realidad, la gente los elige para ser primeros ministros y presidentes porque ya no son inteligentes. A la gente no le gustan las personas inteligentes. A la gente le gustan los que parecen como ellos, los que son como ellos; no se sienten extraños. Las personas inteligentes serán extraños.

No puedo pensar en ningún país que elegiría a Sócrates como primer ministro; imposible. Es tan diferente, su enfoque de la vida es tan diferente, su entendimiento de las cosas es tan profundo. Ningún país se lo podría permitir, o ningún país sería tan valiente como para hacerle primer ministro, porque traería el caos. Empezaría a cambiar todas y cada una de las cosas, porque todas y cada una de las cosas necesitan ser cambiadas.

Esta sociedad podrida tiene que ser destruida completamente; solo entonces se puede crear una nueva sociedad. La renovación no ayudará. Hemos estado renovando las mismas viejas ruinas durante siglos. ¡Basta de puntales, basta de renovaciones, basta de blanqueos! Lo único que se necesita es demolerla, y creemos una nueva sociedad. Traigamos un nuevo ser humano, *homo novus*. Demos nacimiento a algo nuevo, una nueva mente, una nueva consciencia.

La gente elige a personas insulsas, muertas, para ocupar el poder porque con ellas puedes estar seguro. Los países eligen a personas mediocres para ocupar el poder porque preservarán sus tradiciones, sus convenciones, sus prejuicios. Protegerán sus venenos. En vez de destruirlos, los realzarán y fortalecerán.

Es ciertamente peligroso tener personas sin inteligencia en puestos poderosos. Y se está volviendo cada vez más peligroso, porque cada vez tienen más poder y menos inteligencia. Pero ¿por qué sucede? Hay una lógica sutil en ello. La gente no quiere cambiar. El cambio es arduo, el cambio es difícil.

Un tipo diferente de desobediencia

Es importante comprender lo que quiero decir con «desobediencia». No es la desobediencia que encontrarás en los diccionarios. Mi idea de la desobediencia no es odiar que te digan lo que tienes que hacer, o hacer justo lo contrario de lo que te dicen, como reacción.

La obediencia no requiere inteligencia. Todas las máquinas son obedientes; nadie ha oído nunca hablar de una máquina desobediente. También la obediencia es simple. Te quita el peso de cualquier responsabilidad. No hay necesidad de reaccionar, simplemente tienes que hacer lo que se te dice. La responsabilidad se queda en la fuente de la que procede la orden. En cierta manera, eres muy libre: no te pueden condenar por tus actos.

Después de la Segunda Guerra Mundial, en los juicios de Nuremberg, muchísimos de los altos cargos de Adolf Hitler dijeron simplemente que no eran responsables, y no se sentían culpables. Simplemente estaban siendo obedientes: todo lo que les dijeron que hicieran, lo hicieron, y lo hicieron con toda la eficiencia de la que fueron capaces. De hecho, hacerles responsables y condenarlos, castigarlos, enviarlos al patíbulo, no me parece que fue justo. No fue justicia, fue venganza. Si Adolf Hitler hubiera ganado la guerra, entonces la gente de Churchill, la gente de Roosevelt, la gente de Stalin, o ellos mismos, habrían estado en la misma situación y habrían dicho exactamente lo mismo: que no eran responsables.

Si Stalin hubiera estado ante el tribunal, habría dicho que eran órdenes del alto mando del Partido Comunista. No era responsabilidad suya, porque no fue su decisión; él no había hecho nada por su propia cuenta. De manera que si queréis castigar a alguien, castigad a la fuente de la orden. Pero estáis castigando a una persona que simplemente cumplió lo que enseñan todas las religiones, y lo que enseñan todos los líderes del mundo: obediencia.

La obediencia tiene simplicidad; la desobediencia requiere un nivel de inteligencia un poco más alto. Cualquier idiota puede ser obediente; de hecho, solo los idiotas pueden ser obedientes. Una persona inteligente tendrá que preguntar por qué: «¿Por qué tengo que hacerlo? A menos que conozca las razones y las consecuencias de ello, no me voy a involucrar en ello». Entonces está siendo responsable.

La responsabilidad no es un juego. Es una de las formas de vida más auténticas —también peligrosa— pero no significa desobedecer por desobedecer. Eso sería de nuevo una idiotez.

Hay una historia sufí acerca de un místico sufí, Mulla Nasrudin. Desde el principio mismo se pensó que estaba trastornado. Era un problema para sus padres. Si le decían «Vete a la derecha», él iba a la izquierda.

Al final, su anciano padre pensó que, en vez de perder el tiempo con él, sería mejor, si querían que fuera a la izquierda, ordenarle que fuera a la derecha: iría a la izquierda.

Un día, estaban cruzando el río. Llevaban un gran saco de azúcar atado al burro, y el saco se inclinaba a la derecha, así que existía el peligro de que pudiera caerse al río. Tenía que permanecer equilibrado sobre el burro. Pero decirle a Nasrudin que moviese el saco hacia la izquierda significaba perder el azúcar: lo movería hacia la derecha.

De manera que el padre le dijo a Nasrudin:

—Hijo, tu saco está deslizándose; muévelo hacia la derecha. —Y Nasruddin lo movió hacia la derecha.

—¡Qué raro! ¡Por primera vez, has sido obediente! —se asombró el padre.

—Por primera vez, tú has sido astuto. Sabía que querías que lo moviera hacia la izquierda; veía con mis propios ojos hacia dónde había que moverlo. Ni siquiera de esa manera tan sutil puedes hacerme obediente —repuso Nasrudin.

Pero estar simplemente en contra de la obediencia no es elevar tu inteligencia. Permaneces en el mismo plano. Obediente o desobediente, pero no hay cambio de inteligencia.

Para mí, la desobediencia es una gran revolución. No significa decir un «no» absoluto en cada situación. Significa simplemente decidir si vas a hacerlo o no, si es beneficioso o no. Es tomar la responsabilidad tú mismo. No se trata de odiar a la persona u odiar que te manden, porque con ese odio no puedes actuar con obediencia o con desobediencia; actúas inconscientemente. No puedes actuar inteligentemente.

Cuando te dicen que hagas algo, se te da la oportunidad de responder. Quizá, lo que se te está pidiendo es correcto; entonces hazlo, y estate agradecido a la persona que te dijo que lo hicieras en el momento adecuado. Quizá no es correcto; entonces da explicaciones. Expón tus razones, por qué no es correcto. Luego ayuda a esa persona a ver que lo que estaba pidiendo no iba en la dirección adecuada; entonces se necesita aún más amor, porque tendrás que decirle a esa persona, explicarle a esa persona, que no tenía razón.

El camino de la desobediencia no es un camino estancado, no es simplemente oponerte a todas las órdenes y odiar a la persona y vengarte de ella. El camino de la desobediencia es un camino de mucha inteligencia.

Así es que, a fin de cuentas, no es cuestión de obediencia o desobediencia. Reducida al hecho básico, es simplemente una cuestión de inteligencia: compórtate inteligentemente. A veces tendrás que obedecer, y a veces tendrás que decir: «Lo siento, no puedo hacerlo». Pero no es una cuestión de odio, no es una cuestión de venganza, de ira. Si surge el odio, la ira o la venganza, eso significa simplemente que sabes que lo que te están diciendo es correcto, pero va contra tu ego obedecerlo; hiere tu ego. Ese sentirse herido se manifiesta como odio, como ira.

Pero tu ego no es lo que cuenta; lo que cuenta es la acción que tienes que hacer; y tienes que utilizar toda tu inteligencia para decidirlo. Si es correcta, entonces sé obediente; si es errónea, sé desobediente. Pero no hay conflicto, no hay que sentirse herido.

Si estás obedeciendo, es más fácil; no necesitas dar explicaciones a nadie. Pero si no estás obedeciendo, entonces debes una explicación. Y quizá tu explicación no es correcta. Entonces tienes que echarte atrás, tienes que hacerlo.

Una persona debería vivir inteligentemente; eso es todo. Entonces, todo lo que hace es su responsabilidad.

Ocurre que ni siquiera los grandes intelectuales están viviendo inteligentemente. Martin Heidegger, uno de los más grandes intelectuales de su tiempo, fue seguidor de Adolf Hitler. Y tras la derrota de Adolf Hitler y la revelación de su animalidad básica, su brutalidad, su afán asesino, su violencia, incluso Martin Heidegger se acobardó y dijo: «Yo estaba simplemente siguiendo al líder de la nación».

Pero no es la tarea de un filósofo seguir al líder de la nación. De hecho, la obligación básica de un filósofo es guiar a los líderes de la nación, no ser guiado por ellos. Como está al margen de la política activa, su visión debería ser más clara que la de ellos. Se mantiene apartado, puede ver cosas que la gente que está involucrada en la acción no puede ver.

Pero es fácil echarle la responsabilidad a otro.

Si Adolf Hitler hubiera sido el vencedor, estoy seguro de que Martin Heidegger habría dicho: «Ha vencido porque siguió mi filosofía». Y, desde luego, Heidegger era un gran intelectual comparado con Adolf Hitler. Adolf Hitler era simplemente una persona retrasada. Pero el poder...

Nos han educado para obedecer a los poderosos: el padre, la madre, el profesor, el sacerdote, el Dios. Esencialmente, nos han dicho que el que tiene el poder tiene la razón: «El poder es la razón, y tienes que obedecer». Es simple, porque no requiere inteligencia. Es simple, porque nunca te pueden hacer responsable de nada, nunca te pueden decir que fuiste responsable de lo que ocurrió.

En todos los ejércitos del mundo se enseña solo una cosa durante los años de adiestramiento, y esa cosa es la obediencia. En Alemania, en la Segunda Guerra Mundial, había buenas personas... ¡pero eran los jefes de campos de concentración! Eran buenos padres, buenos maridos, buenos amigos. Nadie podía concebirlo, viéndoles con sus familias, con sus amigos, en el club, que estas personas estaban asesinando a miles de judíos cada día. Y ellos no se sentían culpables en absoluto, porque era solo una orden que venía de arriba. Ese era todo su adiestramiento, que tenían que obedecer las órdenes. Se había vuelto parte de su sangre y de sus huesos y de su médula: cuando llega la orden, la obediencia es el único camino.

Así es como la humanidad ha vivido hasta ahora, y por eso digo que la obediencia es uno de los mayores crímenes, porque todos los demás crímenes salen de ella. Te priva de inteligencia, te priva de capacidad de decisión, te priva de responsabilidad. Te destruye como individuo. Te convierte en un robot.

Por eso estoy totalmente a favor de la desobediencia. Pero la desobediencia no está simplemente *contra* la obediencia. La desobediencia está *por encima* de la obediencia y de la mal llamada desobediencia descrita en los diccionarios. La desobediencia es simplemente la aserción de tu inteligencia: «Tomo la responsabilidad, y haré todo lo que le parezca correcto a mi corazón, a mi ser. No haré nada que vaya en contra de mi inteligencia».

Toda mi vida, desde la infancia a la universidad, he sido condenado por ser desobediente. Y yo insistía: «No soy desobediente. Simplemente estoy tratando de discernir, con mi propia inteligencia, qué es lo correcto, qué se debería hacer. Y tomo toda la responsabilidad de ello. Si algo va mal, fue mi culpa. No quiero condenar a otra persona porque me dijo que lo hiciera». Pero era difícil para mis padres, para mis maestros, mis profesores.

En la escuela era obligatorio llevar gorra, y yo entré en la escuela secundaria sin gorra. El maestro preguntó inmediatamente:

—¿Estás al tanto o no de que las gorras son obligatorias?

—Algo como una gorra no puede ser obligatorio. ¿Cómo va a ser obligatorio ponerse algo en la cabeza? La cabeza es obligatoria, pero no la gorra. Y he venido con la cabeza; usted, quizá, ha venido solo con la gorra —respondí.

—Pareces un tipo extraño. Está escrito en el código de la escuela que ningún estudiante puede entrar en la escuela sin una gorra.

—Entonces habrá que cambiar el código. Fue escrito por seres humanos, no por Dios; y los seres humanos cometen errores. —El maestro no daba crédito a sus oídos.

—¿Qué te pasa? ¿Por qué no te pones simplemente una gorra? —insistió.

—La gorra no es el problema; quiero averiguar por qué es obligatoria, sus razones, sus resultados. Si usted no es capaz de explicarlo, me puede llevar al rector y podemos discutirlo.

Tuvo que llevarme a ver al rector.

En India, los bengalíes son los más inteligentes; no llevan gorro. Y los punjabíes, los de Punjab, son los menos inteligentes, son gente simple, y llevan turbante. Así que le dije al rector:

—Examinemos la situación: los bengalíes no llevan ningún gorro y son las personas más inteligentes del país, y los punjabíes no solo llevan gorro, sino un turbante muy apretado, y son los menos inteligentes. Si realmente tiene algo que ver con la inteligencia, prefiero no correr el riesgo.

El rector me escuchó y dijo:

—El chico es obstinado, pero lo que dice tiene sentido. Nunca había pensado en ello; eso es verdad. Y podemos hacer que el código deje de ser obligatorio. Quien quiera llevar gorra, puede llevarla; el que no quiera, no tiene que hacerlo porque no tiene nada que ver con la enseñanza.

El maestro no daba crédito a sus oídos. Cuando íbamos de vuelta, me preguntó:

—¿Qué has hecho?

—No he hecho nada, simplemente he explicado la situación. No estoy enfadado, estoy muy dispuesto a llevar gorra. Si le parece que es buena para la inteligencia, ¿por qué llevar solo una? ¡Puedo llevar dos gorras, tres gorras, unas encima de otras, si son buenas para mi inteligencia! No estoy enfadado. Pero tiene que demostrarme su utilidad.

El maestro me dijo, todavía recuerdo sus palabras:

—Tendrás dificultades toda tu vida. No encajarás en ninguna parte.

—Eso está muy bien —repuse—, pero no quiero ser un idiota y encajar en cualquier parte. Es bueno ser un «inadaptado» pero inteligente. ¡Y he venido a la escuela a aprender inteligencia, para poder ser un inadaptado inteligentemente! Por favor, no vuelva a intentar nunca cambiarme de ser un individuo a ser una pieza de la máquina.

A partir del día siguiente, las gorras desaparecieron; solo el maestro había venido con gorra. Y cuando miró a la clase y por la escuela... Porque había entrado en vigor la nueva norma de que las gorras no eran obligatorias, y todos los demás profesores, incluso el rector, habían venido sin gorra. Se veía ridículo. Le dije:

—Aún hay tiempo. Puede quitársela y metérsela en el bolsillo. —¡Y lo hizo!

—Muy bien. Si todos están contra la gorra... Yo simplemente obedecía la ley.

Así que recuerda, cuando hablo de desobediencia no me refiero a sustituir la obediencia por la desobediencia. Eso no te mejorará. Uso la palabra *desobediencia* solo para hacerte entender que depende de ti, que tú tienes que ser el factor decisivo en todas las acciones de tu vida.

Y eso da una fuerza tremenda, porque todo lo que haces lo haces con un cierto apoyo racional.

Simplemente vive de manera inteligente.

Si te dicen algo, decide si es correcto o erróneo. Así puedes evitar los sentimientos de culpabilidad. De otra forma, si no lo haces, te sientes culpable; si lo haces, también te sientes culpable. Si lo haces, sientes que estás siendo servil, que no estás siendo firme, que no estás siendo tú mismo. Y si no lo haces, entonces también empiezas a sentirte culpable... porque quizá era lo que había que hacer, y no lo estás haciendo.

No es necesaria toda esta torpeza. Sé sencillo. Si se pide algo de ti, responde inteligentemente. Y lo que decida tu inteligencia, hazlo de esta manera o de aquella... pero *tú* eres responsable. Entonces no hay posibilidad de sentirse culpable.

Si no lo vas a hacer, explícale a esa persona por qué no vas a hacerlo. Y explícalo sin ira, porque la ira muestra simplemente que eres débil, que no tienes realmente una respuesta inteligente. La ira es siempre un signo de debilidad. Explícalo todo llana y simplemente; es posible que la otra persona descubra que tienes razón y puede que te lo agradezca. O quizá la otra persona tenga mejores razones que tú; entonces estarás agradecido a la otra persona, porque ha elevado tu consciencia.

Usa todas las oportunidades de la vida para elevar tu inteligencia, tu consciencia.

Normalmente, lo que hacemos es usar todas las oportunidades para crearnos un infierno. Solo sufres, y debido a tu sufrimiento, haces sufrir a otros. Y cuando hay tantas personas viviendo juntas, si todas crean sufrimiento para las demás, va multiplicándose. Así es como el mundo entero se ha convertido en un infierno.

Se puede cambiar inmediatamente.

Solo hay que comprender lo básico: que sin inteligencia no hay cielo.

La inteligencia de la inocencia

Un niño es inteligencia pura, porque un niño aún no está contaminado. Un niño es una página en blanco, no hay nada escrito en él. Un niño es vacío absoluto, tabla rasa.

La sociedad empezará a escribir inmediatamente que eres cristiano, católico, hindú, musulmán, comunista. La sociedad empezará a escribir en ti inmediatamente el Bhagavadgita, el Corán, la Biblia. La sociedad no puede esperar. La sociedad tiene mucho miedo de que, si se deja intacta la inteligencia del niño, entonces nunca formará parte de ninguna esclavitud, de ninguna estructura de dominación. Ni dominará ni será dominado. Ni poseerá ni será poseído. Será una pura rebelión. Hay que corromper su inocencia inmediatamente. Hay que cortarle las alas, hay que darle muletas sobre las que apoyarse, para que nunca aprenda a caminar con sus propias piernas, para que permanezca siempre en algún tipo de dependencia.

Primero los niños dependen de los padres, y los padres disfrutan esto muchísimo. Cuando los niños dependen de ellos, los padres se sienten muy bien. Su vida empieza a tener algo de significado: saben que están ayudando a crecer a algunas nuevas personas, a algunas bellas personas. No son insignificantes. Disfrutan vicariamente que son creativos. No es creatividad verdadera, pero al menos pueden decir que están haciendo algo, que están ocupados. Pueden olvidar sus propios problemas en la ansiedad de educar a los hijos. Y cuanto más dependen de ellos los hijos, más felices se sienten ellos. Aunque por fuera vayan diciendo que quisieran que sus hijos fueran independientes, eso es solo por fuera. Un hijo realmente independiente duele a los padres. No les gusta un hijo independiente porque un hijo independiente no les necesita.

Ese es uno de los grandes problemas a los que la vieja generación se enfrenta hoy: los niños de la era moderna no dependen de ellos, y como no dependen de ti, no puedes imponerles cosas a la fuerza. No puedes decirles qué hacer y qué no hacer, no puedes ser sus amos. La vieja generación está sufriendo muchísimo. Por primera vez en la historia humana, la vieja generación se siente completamente vacía, insignificante, porque han perdido toda su ocupación, y su alegría de que están educando niños está desbaratada. De hecho, se sienten culpables, están asustados de que pueden estar destruyendo a sus hijos. ¿Quién sabe? Puede que lo que están haciendo no sea lo correcto.

Los padres destruyen la inteligencia de los hijos porque esa es la única manera de esclavizarlos; luego, los profesores, la escuela, el colegio, la universidad... Nadie quiere un rebelde, y la inteligencia es rebelión. Nadie quiere que le cuestionen, nadie quiere que cuestionen su autoridad, y la inteligencia es cuestionamiento. La inteligencia es pura duda. Sí, un día de esta pura duda surge la confianza, pero no contra la duda; surge solo mediante la duda.

La confianza sale de la duda igual que un niño sale del útero de la madre. La duda es la madre de la confianza. La verdadera confianza llega solo mediante la duda, el cuestionamiento, la interrogación. Y la confianza falsa, que conocemos como creencia, llega matando la duda, destruyendo el cuestionamiento, destruyendo toda indagación, exploración, búsqueda, dándole a la gente verdades prefabricadas.

Al político no le interesa la inteligencia de los niños, porque los líderes solo son líderes porque la gente es estúpida. Y cuando la gente es tan estúpida, encontrará líderes estúpidos. La gente es tan poco inteligente que está dispuesta a caer en la trampa de cualquiera que pueda fingir que la dirige.

Los niños nacen con inteligencia pura, y todavía no hemos sido capaces de respetarla. Los niños son la categoría más explotada del mundo, incluso más que las mujeres. Después del movimiento de liberación de las mujeres, tarde o temprano habrá el de la liberación de los niños; es mucho más necesario. Los hombres han esclavizado a las mujeres, y tanto los hombres como las mujeres han esclavizado a los niños. Y como un niño está muy indefenso, naturalmente tiene que depender de ti. Es muy ruin por tu parte explotar la indefensión del niño. Pero hasta ahora los padres han sido ruines. Y no estoy diciendo que lo hayan sido deliberada o conscientemente, sino casi inconscientemente, sin saber lo que hacen. Por eso hay tanto sufrimiento en el mundo, por eso el mundo está en semejante apuro. Inconscientemente, sin caer en la cuenta de ello, toda generación sigue destruyendo a la siguiente generación.

Esta es la primera generación que está tratando de escapar de la trampa, y esto es el principio de una historia totalmente nueva. Pero, sin duda, los niños son absolutamente inteligentes. Simplemente observa a los niños, mírales a los ojos, fíjate en cómo responden.

El pequeño Papo parecía estar pasándolo muy bien en el zoo con su padre. Sin embargo, al mirar a los leones, el rostro del muchacho adquirió un gesto de preocupación, y su padre le preguntó qué pasaba. «Solo estaba pensando, papá... en caso de que un león se suelte y te coma, ¿qué autobús tengo que coger para volver a casa?»

Observa a los niños, estate más atento.

Una profesora pidió a su clase de niños pequeños que hicieran un dibujo de la historia del Antiguo Testamento que más les gustara. Un muchachito dibujó a un hombre conduciendo un coche viejo. En el asiento de atrás había dos pasajeros, escasamente vestidos.

—Es un dibujo muy bonito —dijo la profesora—. Pero ¿qué historia cuenta?

Al joven artista pareció sorprenderle la pregunta.

—Bueno —exclamó—. ¿No dice la Biblia que Dios condujo a Adán y Eva fuera del Paraíso Terrenal?

¡No es necesaria ninguna prueba de su inteligencia! Simplemente mira a tu alrededor; hay niños en todas partes, simplemente observa.

Otra historia que he oído...

En otra escuela, el profesor había pedido lo mismo a los niños: que hicieran dibujos de alguna historia que les gustase. Este niño dibujó un avión en vez de un coche. El avión tenía cuatro ventanas. Dios Padre miraba por una de ellas; por la otra, el Espíritu Santo; por la tercera, Jesucristo. Pero el profesor estaba perplejo, y le preguntó:

—Comprendo estos tres, pero ¿quién está en el cuarto?

—¡Ese es Poncio Piloto! —respondió el niño.

Pero nadie observa a los niños. De hecho, todo el mundo piensa que son tan solo una molestia. No habría que oírlos, no habría que verlos; ese ha sido el dictamen a lo largo de los siglos. ¿A quién le importa lo que preguntan? ¿A quién le importa lo que dicen? ¿Quién les escucha?

Un niño llegó corriendo a casa, jadeando y resoplando, y le dijo a su madre:

—¡Escucha lo que ha pasado! ¡Un tigre me ha perseguido desde la escuela hasta casa! No sé cómo me las he arreglado; ¡he tenido que correr tanto!

—Mira, te he dicho millones de veces que no exageres; ¡millones de veces que no exageres! ¡Y ya estás otra vez! ¿Encontraste un tigre en la calle? ¿Dónde está el tigre? —le recriminó la madre.

—Mira por la ventana; está ahí —insistió el niño.

¡Un perro pequeño! La madre miró y dijo:

—¿Este es el tigre? ¡Sabes perfectamente bien que eso es un perro! ¡Sube a tu cuarto y rézale a Dios, y pídele perdón! —El niño se fue, pero algunos minutos después, volvió. La madre le preguntó—: ¿Has rezado? ¿Le pediste a Dios?

—¡Sí! —respondió—. Le dije: «¡Dios, perdóname! No estuvo nada bien por mi parte pensar que ese perrito era un tigre». Y Dios me afirmó: «¡No te preocupes! Cuando lo vi, ¡yo también pensé al principio que era un tigre!».

Los niños tienen una inteligencia tremenda, pero nunca se les ha dado la oportunidad.

Tenemos que crear un nuevo tipo de educación en la que no se imponga nada a los niños, sino que se les ayude a fortalecer su inteligencia natural, dada por Dios. No hay que abarrotarles de información que, en realidad, es casi inútil. El noventa y ocho por ciento de la información que metemos en la mente de los niños es estúpida, tonta. Pero, debido a esa carga, a ese bagaje, el niño nunca se liberará del lastre.

He sido profesor en la universidad, y he sido estudiante desde la escuela primaria a la universidad. A mi entender, el noventa y ocho por ciento de la información que seguimos echando encima a los niños es absolutamente inútil; no es necesaria en absoluto. Y no solo es inútil, es dañina, positivamente dañina.

No se ayuda a los niños a tener más inventiva, en vez de ser repetitivos, que es en lo que se basa nuestra educación ahora mismo. Todo nuestro sistema educativo se orienta a la repetición. Si un niño puede repetir mejor que los demás, entonces se piensa que es más inteligente. En realidad, solo tiene más memoria, no más inteligencia. Sucede casi siempre que una persona con muy buena memoria puede no tener mucha inteligencia, y viceversa.

Albert Einstein no tenía muy buena memoria. Newton, Edison, y muchísimos otros grandes inventores eran realmente muy olvidadizos.

Pero todo nuestro sistema educativo se centra en la memoria, no en la inteligencia. ¡Abarrotad más y más información en la memoria, convertid al hombre en una máquina! Nuestras universidades son fábricas en las que los hombres son reducidos a máquinas. ¡Se derrochan veinticinco años —un tercio de tu vida— en convertirte en una máquina! Y luego resulta muy difícil volver a liberarte, volver a hacerte un ser humano.

Ese es mi trabajo. Venís como máquinas, muy tensos, llenos de recuerdos, información, conocimientos, totalmente en la cabeza, colgados ahí. Habéis perdido todo contacto con vuestro corazón y vuestro ser. Haceros bajar hacia el corazón y luego hacia el ser es una tarea realmente difícil. Pero en un mundo mejor esto no será necesario. La educación debería ayudar a la gente a ser cada vez más inteligente, no cada vez más repetitiva. Ahora mismo, es repetición: apretujáis en vuestras cabezas todas las tonterías que os dicen, y luego las vomitáis en los exámenes; y cuanto mejor vomitas, mejores notas sacas. Solo hay una cosa que tienes que recordar: repetir con exactitud. No añadas nada, no quites nada, no seas inventivo, no seas original.

Se aniquila la originalidad, se elogia la repetitividad. Y la inteligencia solo puede crecer en un ambiente en el que se elogia la originalidad.

La inocencia es tu naturaleza misma. No tienes que llegar a serlo, ya lo eres. Naces inocente. Luego abruman tu inocencia con capas y más capas de condicionamiento. Tu inocencia es como un espejo, y los condicionamientos son como capas de polvo. No hay que conseguir el espejo, el espejo ya está ahí; o, más bien, aquí. El espejo no se ha perdido, solo está oculto tras las capas de polvo.

No tienes que seguir un camino para llegar a tu naturaleza, porque no puedes dejar tu naturaleza, no puedes ir a ninguna otra parte. Incluso si quisieras, es imposible. Esa es exactamente la definición de tu naturaleza: naturaleza significa lo que no puede dejarse atrás, aquello a lo no que se puede renunciar. Pero puedes olvidarte de ello. No puedes perderlo, pero lo puedes olvidar.

Y eso es exactamente lo que ha sucedido. El espejo no se ha perdido, pero ha sido olvidado; olvidado porque ya no funciona como espejo. No es que haya surgido algún defecto en él, solo que está cubierto por capas de polvo. Lo único que se necesita hacer es limpiarlo, quitar esas capas de polvo.

El proceso de volverse inocente no es realmente un proceso de volverse algo, es un proceso de descubrir tu ser. Es un descubrimiento, no un logro. No alcanzas algo nuevo, simplemente alcanzas lo que siempre has sido. Es un lenguaje olvidado.

Sucede muchas veces: ves a una persona en la calle, le reconoces, su cara te resulta familiar. De pronto, recuerdas que también sabes su nombre. Dices «Lo tengo en la punta de la lengua», pero, sin embargo, no te viene a la memoria. ¿Qué está sucediendo? Si lo tienes en la punta de la lengua, ¿por qué no puedes decirlo? Sabes que lo sabes, pero, sin embargo, no eres capaz de recordarlo. Y cuanto más lo intentas, más difícil se vuelve, porque hacer un esfuerzo te pone más tenso, y cuando estás tenso estás más lejos de tu naturaleza, estás más lejos de lo que ya está ahí. Cuando estás relajado, estás más cerca; cuando estés absolutamente relajado, aflorará por sí mismo.

Y lo intentas, pero no llega, así que te olvidas completamente de ello. Luego, tumbado en la bañera, o nadando en la piscina, cuando ni siquiera estás tratando de acordarte del nombre de esa persona, de pronto te llega. ¿Qué ha sucedido? No estabas intentando recordar, y estabas relajado. Cuando estás relajado, estás abierto, cuando estás tenso, te cierras; cuanto más tenso, más cerrado. El pasillo entre tú y lo que está dentro de ti se vuelve tan estrecho que no puede pasar nada por él, ni siquiera un solo nombre.

Todos los grandes descubrimientos científicos se han realizado de esta manera tan misteriosa; de esta manera tan *a*científica, por decirlo así.

Madame Curie estuvo ocupándose de cierto problema matemático continuamente durante tres años, y cuanto más lo intentaba, más lejana parecía la solución. Lo intentó de todas las maneras posibles, pero nada funcionaba, no sucedía nada. Y, de alguna forma, tenía una sensación profunda, tácita, de que «la solución existe. No estoy pujando con algo absurdo». Esta sensación tácita continuó durante todo el tiempo como una corriente subyacente; por eso no podía tampoco abandonar el esfuerzo. Se estaba cansando: tres años desperdiciados por un solo problema. Pero, en lo más íntimo de su ser, algo le decía: «La solución es posible. Esta práctica no es inútil. Sigue». Y siguió tercamente, perseveró. Abandonó todos los demás proyectos, se afanó totalmente en ese problema. Pero, cuanto más lo intentaba, más imposible se volvía.

Una noche, sucedió, casi como le sucedió al Buda Gautama; por supuesto, los problemas eran diferentes, pero el proceso fue el mismo. Buda había luchado durante seis años para alcanzar la iluminación y no había alcanzado nada. Entonces, una noche, abandonó todo el esfuerzo, se fue a dormir y, al llegar la mañana, cuando se estaba poniendo la última estrella, se iluminó.

Esa noche, Madame Curie abandonó la idea, todo el proyecto; cerró el capítulo. «¡Ya basta! Perder tres años es demasiado para un solo problema.» Había otros problemas que esperaban ser resueltos. En su mente, se había terminado, aunque la sensación tácita seguía ahí, como un murmullo constante. Pero lo había obedecido ya suficiente tiempo, era hora de dejarlo. Solo se dispone de un tiempo limitado; tres años es demasiado para un solo problema. Deliberadamente, abandonó la idea. Por lo que a ella le concernía, cerró todo el proyecto. Se fue a dormir con la determinación de que no volvería a molestarse por ese problema.

Y por la mañana, cuando se levantó, estaba sorprendida. En un trozo de papel, junto a la mesa, estaba la solución, escrita con su propia letra. No daba crédito a sus ojos. ¿Quién lo había hecho? El sirviente no podía haberlo hecho: no sabía nada de matemáticas, y si Madame Curie no había sido capaz de hacerlo en tres años, ¿cómo habría conseguido hacerlo el sirviente? Y no había nadie más en la casa. Y el sirviente no había entrado en toda la noche: la puerta estaba cerrada con llave desde dentro. Lo miró con atención y vio que la letra parecía la suya.

Entonces, de pronto, recordó un sueño. En el sueño había visto que se levantaba, iba a la mesa, escribía algo... Muy lentamente, el sueño se volvió claro. Muy lentamente, recordó que lo había hecho ella durante la noche. No era un sueño, lo había hecho realmente. ¡Y era la solución! Durante tres años, había estado esforzándose mucho y no había sucedido nada; y la noche que abandonó el proyecto, sucedió. ¿Qué había pasado? Se había relajado.

Una vez que has abandonado el esfuerzo, te relajas, te quedas tranquilo, suave, amplio, abierto. Lo tenía ahí, en su interior; afloró. Cuando la mente dejó de estar tensa, afloró.

La inocencia está ahí, simplemente la has olvidado; te han hecho olvidarla. La sociedad es astuta. Durante siglos, el hombre ha aprendido que solo puedes sobrevivir en esta sociedad si eres astuto; cuanto más astuto seas, más éxito tendrás. En eso consiste todo el juego de la política: sé astuto, sé más astuto que los demás. Es una lucha y una competición continua para ver quién puede ser más astuto. El que sea más astuto, triunfará, será poderoso.

Después de siglos de astucia, el hombre ha aprendido una cosa: que permanecer inocente es peligroso, no serás capaz de sobrevivir. Por eso, los padres intentan sacar a sus hijos de su inocencia. Los profesores, las escuelas, los colegios, las universidades, existen para la simple tarea de hacerte más astuto, más listo. Aunque lo llaman inteligencia, no es inteligencia.

La inteligencia no está en contra de la inocencia, recuerda. La inteligencia es el sabor de la inocencia, la inteligencia es la fragancia de la inocencia. La astucia está en contra de la inocencia; y astucia, listeza, no son sinónimos de inteligencia. Pero ser inteligente requiere un tremendo viaje hacia dentro. Ninguna escuela puede ayudar, ningún colegio, ninguna universidad puede ayudar. Los padres, los sacerdotes, la sociedad, son todos extrovertidos; no pueden ayudarte a ir hacia dentro. Y los budas son muy excepcionales, muy pocos y con grandes intervalos entre ellos. No todo el mundo es suficientemente afortunado para encontrar a un buda. Solo un buda puede ayudarte a ser una persona inteligente, pero no pueden encontrarse tantos budas que quieran ser maestros de escuela primaria o secundaria, o profesores de universidad; es imposible.

Así es que hay un sustituto para la inteligencia. La astucia es un sustituto de la inteligencia; un sustituto muy pobre, recuerda. Y no solo es un sustituto muy pobre, es también su opuesto. La persona inteligente no es astuta; es ciertamente inteligente, pero su inteligencia mantiene su inocencia intacta. No la vende por cosas mundanas. La persona astuta está dispuesta a vender su alma por pequeñas cosas.

Judas vendió a Jesús por solo treinta monedas de plata... solo treinta monedas de plata. Y se puede vender a Jesús. Judas debió de pensar que estaba siendo muy inteligente, pero estaba siendo simplemente astuto. Si no te gusta la palabra «astuto», puedes llamarle listo; esa es una buena palabra para lo mismo, para la misma fealdad.

La sociedad te prepara para ser astuto con el fin de que seas capaz de competir en esta lucha por la existencia, la lucha por la supervivencia. Es una competición despiadada, todo el mundo va a por la yugular de todo el mundo. La gente está dispuesta a hacer cualquier cosa para triunfar, para ser famosa, para subir la escalera del éxito, el nombre y la fama. Están dispuestos a usarte como trampolín. A menos que tú también seas astuto, simplemente serás usado, manipulado. Por eso la sociedad adiestra a todo niño para que sea astuto, y estas capas de astucia están ocultando tu inocencia.

La inocencia no hay que alcanzarla, ya está ahí. Por eso no es cuestión de llegar a ser inocente, la inocencia es tu ser. Solo hay que descubrirla... o redescubrirla. Tienes que desechar todo lo que has aprendido de los demás, e inmediatamente serás inocente.

De ahí mi antagonismo a todo conocimiento que es prestado. No cites la Biblia, no cites el Gita. No te comportes como un loro. No sigas viviendo con información prestada. Empieza a indagar y a buscar tu propia inteligencia.

Es necesario un proceso negativo; hay que lograrlo mediante la VÍA NEGATIVA. Ese es el camino de Buda. Tienes que negar todo lo que te han dado. Tienes que decir: «Esto no es mío; por eso, no lo reclamo. Puede que sea verdad, puede que no sea verdad. ¿Quién sabe? Otros dicen que lo es; a menos que se vuelva mi experiencia, no puedo estar de acuerdo o en desacuerdo. No lo creeré o dejaré de creer. No seré católico o comunista, no seré hindú o musulmán. Simplemente no seguiré ninguna ideología». Porque, sigas a quien sigas, irás acumulando polvo en torno a ti. Deja de seguir.

Mi tarea no es enseñarte algo, sino ayudarte a descubrirte a ti mismo. Abandona todo conocimiento. Duele, porque has cargado con esos conocimientos durante tanto tiempo y te has jactado tanto de esos conocimientos; tus títulos, licenciado y doctor, y te has jactado tanto de todos esos títulos. Y de repente, yo estoy diciéndote: Desecha todas esas tonterías.

El don de estar vivo

Nunca has sido aceptado por tus padres, tus profesores, tus vecinos, la sociedad, tal como eres. Todos trataron de mejorarte, de hacerte mejor. Todos señalaron los defectos, los errores, las debilidades, las flaquezas, a las que es propenso todo ser humano. Nadie hizo resaltar tu belleza, nadie hizo resaltar tu inteligencia, nadie hizo resaltar tu grandeza.

Estar vivo es ya un don tal, pero nadie te dijo nunca que estés agradecido a la existencia. Por el contrario, todos estaban gruñendo, quejándose. Naturalmente, si todo lo que rodea tu vida desde el principio no deja de señalar que no eres lo que deberías ser, y te sigue dando grandes ideales que tienes que seguir y que tienes que alcanzar... Tu *ser* nunca es alabado. Lo que se alaba es tu futuro: si puedes llegar a ser alguien respetable, poderoso, rico, intelectual, famoso de alguna forma, no un cualquiera.

El condicionamiento continuo contra ti ha creado en ti la idea «No soy suficiente tal como soy, falta algo. Y tengo que estar en alguna otra parte; no aquí. Este no es el lugar en el que se supone que tengo que estar, sino en algún puesto más elevado, más poderoso, más dominante, más respetado, más conocido».

Tu cabeza, tu mente, ha sido manipulada de muchas maneras por personas según sus ideas de cómo deberías ser. No había mala intención. Tus padres te querían, tus profesores te querían, la sociedad quiere que seas alguien. Sus intenciones eran buenas, pero su entendimiento era muy limitado. Olvidaron que es imposible convertir una caléndula en una rosa, o viceversa.

Lo único que puedes hacer es ayudar a que las rosas sean más grandes, tengan más color, más fragancia. Puedes aportar todos los elementos que son necesarios para transformar el color y la fragancia —el abono necesario, la tierra apropiada, el riego correcto en los momentos adecuados— pero no puedes hacer que el rosal produzca flores de loto. Y si empiezas a darle la idea al rosal, «Tienes que producir flores de loto» —y, por supuesto, las flores de loto *son* bonitas y grandes— le estás dando un condicionamiento erróneo. Este rosal, no solo no podrá producir nunca flores de loto; toda su energía se canalizará por el conducto erróneo, de manera que ni siquiera producirá rosas, porque ¿de dónde sacará la energía para producir rosas? Y cuando resulta que no hay ni lotos ni rosas, por supuesto este pobre rosal se sentirá continuamente vacío, frustrado, estéril, indigno.

Esto es lo que les está sucediendo a los seres humanos. Con buenas intenciones, la gente está revolviendo tu mente. En una sociedad mejor, con personas más comprensivas, nadie intentará cambiarte. Todos te ayudarán a ser tú mismo... y ser uno mismo es lo mejor del mundo. Ser tú mismo te da todo lo que necesitas para sentirte colmado, todo lo que puede hacer significativa tu vida. Simplemente ser tú mismo y desarrollarte de acuerdo a tu naturaleza traerá consigo la realización de tu destino.

Esto es la riqueza verdadera. Esto es el poder verdadero.

Si todas las personas crecen para ser ellas mismas, verás que toda la Tierra se llena de personas poderosas, con una fuerza, inteligencia y entendimiento tremendos, y la gran satisfacción, la alegría de que han llegado a casa.

Descubrir el interruptor de apagado

Crea un poco de distancia. Observa la mente, cómo funciona, y crea la distancia. Observar crea distancia automáticamente. Por eso los budas insisten una y otra vez: observa. Observa día y noche. Lentamente, empezarás a ver que eres consciencia y que la mente es tan solo un instru-

mento que tienes a tu disposición. Entonces puedes usarla cuando la
necesites, y cuando no la necesites, puedes desconectarla, apagarla.
Ahora mismo, no sabes cómo apagarla; siempre está en funcionamiento. Es como una radio que hay en tu habitación y que siempre está encendida, y no sabes cómo apagarla; de manera que tienes que dormir
con la radio encendida, y no deja de gritar todo tipo de anuncios publi-
citarios y de tocar todo tipo de canciones que has oído mil veces. Pero
no sabes cómo apagarla. Estás cansado todo el día, muchas veces quieres deshacerte del ruido de la radio, pero no puedes, porque no sabes
cómo apagarla. Es como dormir con las luces encendidas porque no sabes cómo apagarlas.

Freud recuerda que cuando llegó la electricidad a Viena por primera vez, un amigo, un pueblerino, vino a visitarle. Freud se ocupó con
todo detalle de su huésped, le llevó a la habitación en la que iba a dormir, le dejó allí, y le dio las buenas noches.

El pueblerino estaba muy intrigado por una cosa: la electricidad, la
bombilla eléctrica. Sabía cómo apagar una lámpara de petróleo, cómo
apagar una vela, pero ¿qué había que hacer con esta bombilla eléctrica?
Intentó todo lo que sabía: subido en una silla, sopló sobre ella muchas
veces, pero no pasaba nada. La examinó desde todos los ángulos; no
tenía ningún agujero, no había nada.

¿Cómo iba a imaginar que había un interruptor en la pared? Eso le
resultaba imposible de imaginar, nunca había visto la electricidad. Pero
también le asustaba ir a preguntarle a Freud o a alguna otra persona,
porque pensarían que era un tonto... «Ni siquiera sabes apagar la luz...
¿Qué tipo de hombre eres?» De modo que, sintiéndose avergonzado, intentó dormir con la luz encendida. No pudo dormir. Se volvió a subir
muchas veces en la silla, lo volvió a intentar. Siguió así toda la noche;
no le llegaba el sueño debido a la luz: demasiada luz, una luz tan brillante, nunca había visto una luz así. Conocía las velas, pero la bombilla debía llevar a la habitación la luz de mil velas o más. Por la mañana
estaba muerto de cansancio. Freud le preguntó:

—Pareces muy cansado. ¿No pudiste dormir?

—Ya no merece la pena ocultarlo porque voy a quedarme aquí tres días: ¡esta bombilla va a acabar conmigo! Incluso mirarla hace que me suba un escalofrío por la columna. ¿Cómo se apaga?

—¡Tonto! ¿Por qué no me preguntaste? —le dijo Freud.

—Me daba vergüenza. ¡Resulta tan tonto preguntar algo tan simple! —respondió. Freud le llevó a la pared y le enseñó el interruptor. Lo probó, lo encendió y lo apagó, y se rió. Y comentó:

—¡Una cosa tan sencilla, y me he pasado toda la noche intentándolo y no lo he conseguido!

Lo podía haber intentado durante toda la vida y puede que nunca habría llegado a asociar el interruptor con la luz.

Esto es lo que te está pasando; tu mente está funcionando continuamente. Dicen que la mente es un mecanismo tan magnífico que empieza a funcionar en el momento que naces y sigue funcionando hasta que estás ante una audiencia; entonces, de pronto, se para, entonces le pasa algo. De otro modo, sigue funcionando hasta que te mueres. Y son pocas las personas que necesitan estar ante una audiencia, así que la mente continúa sin obstáculos, y te mantiene absolutamente cansado, exhausto, agotado, aburrido. Y te sigue diciendo las mismas cosas una y otra vez.

¿Por qué la gente está tan aburrida? La vida no es aburrida, recuerda. La vida es siempre un misterio tremendo, es siempre una sorpresa, es siempre nueva; está renovándose continuamente. Llegan hojas nuevas, se caen las hojas viejas; aparecen flores nuevas, desaparecen las flores viejas. Pero no puedes ver la vida porque estás continuamente aburrido por tu propia mente. Te sigue diciendo cosas que ha dicho miles de veces. Pareces tan cansado por la sencilla razón de que no sabes cómo apagarla.

No hay que deshacerse de la mente, hay que ponerla en el lugar que le corresponde. Es un hermoso sirviente, pero un amo muy feo. Coge las riendas en tus manos, sé el amo; y lo primero, el primer paso, es distanciarse de la mente. Ve que no es tú, crea una distancia: cuanto mayor es la distancia, mayor es la capacidad para apagarla.

Y un milagro más con el que te toparás es que, cuando apagas la mente, la mente se vuelve más lozana y más inteligente. Piensa: desde el día que naces, la mente empieza y no para de funcionar hasta que mueres; y nunca se sabe, puede que siga funcionando incluso cuando estás en la tumba, porque hay algunas cosas que siguen sucediendo allí. Las uñas siguen creciendo incluso cuando estás en la tumba, el pelo sigue creciendo, de manera que aún continúa algún tipo de mecanismo. Las uñas y el pelo continúan creciendo incluso en un cadáver, de manera que algo aún sigue funcionando. Quizá sea algún mecanismo local, no la mente misma, pero puede que el cuerpo tenga pequeñas mentes locales que apoyen a la mente grande como agentes de la gran mente. ¡Puede que estos pequeños agentes no se hayan enterado todavía de que el gran hombre ha muerto, y siguen haciendo lo de siempre! No saben nada más, así que continúan repitiendo su vieja tarea. Los cabellos siguen creciendo, las uñas siguen creciendo... ¡y solo con pequeñas mentes locales, mini-mentes!

Hay que poner a la mente en el lugar que le corresponde, y usarla solo cuando necesitas usarla. De la misma manera que usas las piernas cuando las necesitas; cuando no las necesitas, no usas las piernas. Si estás sentado en una silla y no dejas de mover las piernas de arriba para bajo, la gente pensará que estás loco. Eso es exactamente lo que está sucediendo en la mente, ¿y sigues creyendo que no estás loco?

Una consciencia meditativa llega a conocer la clave. Cuando quiere desconectar la mente, simplemente dice «Ahora cállate», y ya está. La mente sencillamente se calla y prevalece un gran silencio por dentro. Y la mente también puede descansar en esos momentos; de otra forma, todo se cansa.

Todo se cansa, todo se siente cansado... incluso los metales se cansan. Y tu mente está hecha de tejidos celulares muy delicados, tan delicados que no hay nada más delicado en toda la existencia. En tu pequeño cráneo, hay millones de pequeñas fibras en funcionamiento. Son tan finas que tus cabellos, cuando se comparan con los nervios que funcionan en tu cerebro, son muy gruesos, cientos de miles de veces más gruesos. Es un fenómeno tan delicado, pero no sabemos cómo usarlo. Necesita descanso.

Ésa es la razón por la que una persona meditativa se vuelve más inteligente, se vuelve más cuerda. Añade la meditación a tu ser y la maldición desaparece, y la maldición misma se convierte en la bendición; es una bendición disfrazada de maldición.

Ser sencillo

La sencillez consiste en vivir sin ideales. Los ideales crean complejidad; los ideales crean división en ti y, por lo tanto, complejidad. En el momento en que estás interesado en llegar a ser otra persona, te vuelves complejo. Sencillez es estar contento contigo mismo tal como eres. El futuro trae complejidad; cundo estás completamente en el presente, eres sencillo.

. Sencillez no significa vivir una vida de pobreza. Eso es una total estupidez, porque la persona que se impone a sí misma una vida de pobreza no es sencilla en absoluto. Es un hipócrita. La necesidad de imponer la pobreza significa que, en el fondo, ansía justo lo contrario; si no ¿por qué iba a haber ninguna necesidad de imponerla? Te impones un determinado carácter porque eres justo lo contrario.

La persona colérica quiere volverse compasiva; la persona violenta quiere volverse no violenta. Si eres no violento no intentarás volverte no violento. ¿Para qué? La persona que se impone a sí misma la pobreza, simplemente está tratando de vivir la vida según otros, no según su propio centro interno, no según su propia espontaneidad. Y vivir según otros significa no ser nunca sencillo.

Vivir según otros significa vivir una vida limitada. Será una vida de plástico: serás algo en la superficie y justo lo contrario en lo profundo de ti. Y solo lo profundo importa, la superficie nunca importa. Serás un santo en la superficie y un pecador en lo más profundo. Y eso es lo que será decisivo para ti, porque Dios solo está en contacto con tus profundidades, no con tu superficie.

La superficie está en contacto con la sociedad, la existencia está en contacto con la profundidad. La existencia solo sabe lo que eres, nunca sabe lo que estás fingiendo. La existencia nunca conoce tus actos. Puede que estés fingiendo ser un gran santo, un *mahatma*, pero la existencia nunca lo sabrá, porque nunca sabe nada acerca de lo falso. Todo lo falso sucede fuera de la existencia. Esta solo conoce lo real, tu yo real.

Sencillez significa ser simplemente tú mismo, no importa quién seas, con tremenda aceptación, sin ninguna meta, sin ningún ideal. Todos los ideales son tonterías; deséchalos todos.

Se necesitan agallas para ser sencillo. Se necesitan agallas porque estarás en constante rebelión. Se necesitan agallas porque nunca estarás bien adaptado a la supuesta sociedad, tan podrida, que existe a tu alrededor. Serás continuamente un extraño. Pero serás sencillo, y la sencillez tiene belleza. Estarás en absoluta armonía contigo mismo. No habrá ningún conflicto dentro de ti, no habrá ninguna división dentro de ti.

El ideal trae consigo la división. Cuanto más grande sea el ideal, mayor será la división. El ideal significa que, en algún momento futuro, un día, quizá en esta vida o en otra, serás un gran santo. Mientras tanto, eres un pecador. Te ayuda a seguir confiando; te ayuda a seguir creyendo en la superficie, que mañana todo estará bien, que mañana serás como deberías ser. El hoy se puede tolerar. Puedes ignorarlo, no necesitas percibirlo, no necesitas reparar en él. Lo verdadero sucederá mañana.

Pero mañana nunca llega. Siempre es hoy... siempre es hoy.

Y la persona que vive en ideales se sigue perdiendo la realidad, porque la realidad es ahora, aquí. Estar aquí y ahora es ser sencillo: ser como los árboles, aquíahora, ser como las nubes, aquíahora, ser como los pájaros, aquíahora... ser como los budas, aquíahora. El ideal necesita el futuro. La sencillez no es un ideal. La gente ha convertido también a la sencillez en un ideal; así es la estupidez humana.

La sencillez nunca puede ser un ideal, porque ningún ideal puede crear sencillez. Es el ideal lo que te envenena y te vuelve complejo, te divide, crea dos personas en ti: la que eres y la que te gustaría ser. Ahora habrá una guerra constante, una guerra civil.

Y cuando estás luchando contigo mismo —la persona violenta tratando de ser no violenta, la persona fea tratando de ser bella, y así sucesivamente—, cuando estás continuamente intentando, esforzándote para ser algo que no eres, tu energía se disipa en ese conflicto, tu energía sigue perdiéndose. Y la energía es deleite. Y tener energía es estar vivo, estar lozano, ser joven.

Mira las caras de la gente, lo insulsas que parecen. Mírales a los ojos, sus ojos han perdido todo el brillo y toda la profundidad. Siente su presencia y no sentirás ningún resplandor, no sentirás que emana energía de ellos. Por el contrario, te parecerá que te están chupando la energía. En vez de desbordar energía, se han convertido en agujeros negros: te chupan, se aprovechan de tu energía. Estando con ellos te quedarás más pobre. Por eso, cuando entras en una multitud, al volver te sientes cansado, agotado, te sientes exhausto, necesitas descansar. ¿Por qué? ¿Por qué sientes, después haber estado entre una multitud, que has perdido algo? Desde luego que pierdes algo, porque la multitud se compone de agujeros negros. Y cuanto menos inteligente sea la multitud, cuanto más tenga de chusma, más exhausto te sentirás.

Por eso, cuando estás solo, sentado en silencio, sin nadie —en un estado tremendamente célibe, solo— te sientes renovado, rejuvenecido. Esa es la razón por la que la meditación te hace más joven, te hace más vital. Empiezas a compartir algo con la existencia. Tu energía deja de estar congelada; empieza a fluir. Estás en una especie de danza, como lo están las estrellas. Surge en ti una canción.

Pero en medio de la multitud siempre pierdes. En la meditación siempre ganas. ¿Por qué? ¿Qué sucede en la meditación? En la meditación te vuelves sencillo: el futuro deja de preocuparte. En eso consiste la meditación: dejar la preocupación por el pasado y el futuro, estar aquíahora. Solo existe este momento. Y cuando sucede, cuando solo existe este momento —mirando un amanecer, u observando una nube blanca flotando en el cielo, o simplemente estando con un árbol, comunicándote con él en silencio, u observando un pájaro volando en el viento—, cuando te olvidas completamente del pasado y del futuro, y te posee el momento presente, cuando estás absolutamente poseído por este momento, te sientes rejuvenecido. ¿Por qué? La división desaparece, la división creada por los ideales. En ese momento eres uno, estás unificado; eres de una sola pieza.

La sencillez no es un ideal; no te puedes imponer la sencillez. Por eso no digo nunca que personas como Mahatma Gandhi son sencillas. No lo son, no pueden serlo. La sencillez es su ideal, están tratando de alcanzarla. La sencillez es una meta lejana, en el futuro, distante, y están afanándose, están poniendo mucho empeño, están haciendo un gran esfuerzo. ¿Cómo vas a crear sencillez con esfuerzo? Sencillez significa simplemente lo que es. Con el esfuerzo, estás tratando de mejorar la existencia.

La existencia es perfecta tal como es, no necesita mejoras. Los que llamáis santos no dejan de mejorarse: deja esto, abandona eso, reprime aquello, impone lo de más allá, esto no es bueno, eso es bueno... Un esfuerzo continuo, y en ese mismo esfuerzo, se pierden.

La sencillez es un estado carente de todo esfuerzo; es humildad. No la humildad creada contra la arrogancia, no la humildad creada contra el ego, no la humildad opuesta a la mente orgullosa. No, la humildad no es lo opuesto al orgullo. La humildad es simplemente la ausencia de orgullo. Trata de entenderlo. Si tu humildad está en contra de tu orgullo, si te has esforzado por desechar tu orgullo, tu ego, tu arrogancia, entonces lo único que has hecho es reprimir. Ahora estarás orgulloso de tu humildad; ahora empezarás a jactarte de lo humilde que eres. Esto es lo que sucede. Observa a las supuestas personas humildes: están proclamando continuamente que son humildes.

Las personas verdaderamente humildes no sabrán que son humildes; ¿cómo van a jactarse de ello? ¿Cómo va a saber una persona humilde que es humilde? Una persona humilde está en un estado de *fana*: una persona humilde se ha disuelto. Ahora es solo una presencia. La humildad es una presencia, no una característica de la personalidad, no un rasgo, sino solo una presencia. Otros la sentirán, pero tú mismo no podrás sentirla. Y lo mismo sucede con la sencillez.

Sencillez significa tan solo vivir momento a momento espontáneamente, no según alguna filosofía, no según el jainismo, el budismo, el hinduismo, no según ninguna filosofía. Cuando vives según una filoso-fía, te has traicionado a ti mismo, eres tu propio enemigo. Sencillez sig-nifica estar en profunda amistad contigo mismo, vivir tu vida sin que interfiera ninguna idea.

Se necesitan agallas, desde luego, porque vivirás continuamente en la inseguridad. El hombre que vive con ideales se siente seguro. Es pre-decible, esa es su seguridad. Sabe lo que va a hacer mañana. Sabe que, si se presenta una determinada situación, esta será la manera en la que reaccionará. Siempre está seguro. El hombre que es sencillo no sabe nada acerca de mañana, no sabe nada acerca del momento siguiente, porque no va a reaccionar condicionado por su pasado. Responderá desde su consciencia presente.

La persona sencilla no tiene «carácter», solo la persona compleja tiene carácter. Bueno o malo, esa no es la cuestión. Hay caracteres bue-nos y hay caracteres malos, pero ambos son complejos. La persona sen-cilla no tiene carácter, no es ni buena ni mala, pero tiene una belleza que ni las personas buenas ni las personas malas pueden tener nunca. Y lo bueno y lo malo no son muy diferentes; son aspectos de la misma moneda. La persona buena es mala por detrás, y la persona mala es bue-na por detrás.

Te sorprenderá saber que los santos siempre sueñan que están co-metiendo pecados. Si observas los sueños de los que llamáis santos, te quedarás muy sorprendido. ¿Qué tipo de sueños siguen teniendo? Eso es su mente reprimida que emerge, que sale a la superficie en sus sue-ños. Los pecadores siempre sueñan que se han hecho santos. Los peca-dores tienen los sueños más hermosos, porque han estado cometiendo pecados toda su vida. Están cansados de todas esas cosas. Ahora, la par-te negada empieza a hablarles en sus sueños.

En sueños, la parte negada te habla, tu inconsciente te habla: el in-consciente es la parte negada. Recuerda, si eres bueno en tu conscien-te, si has cultivado buenas características en tu consciente, serás malo: todo lo que has negado se convertirá en tu inconsciente, y viceversa.

La persona sencilla no tiene consciente ni inconsciente; no tiene ninguna división. Simplemente es consciente. Toda su casa está llena de luz. Todo su ser conoce solo una cosa: consciencia. No ha negado nada, de modo que no ha creado el inconsciente. Esto es algo que hay que entender.

Sigmund Freud y Carl Gustav Jung y Alfred Adler y otros piensan que el consciente y el inconsciente son algo natural. No lo son. El inconsciente es un subproducto de la civilización. Cuanto más civilizada es una persona, mayor es su inconsciente, porque civilización significa represión. Represión significa que estás negando algunas partes de tu ser, no estás dejando que salgan a la luz, las estás empujando a la oscuridad, las estás tirando a tu sótano para no tener que encontrarte con ellas nunca.

La gente ha tirado su sexualidad, su ira, su violencia al sótano y ha cerrado las puertas con llave. Pero la violencia, el sexo y la ira y las cosas por el estilo no pueden ser encerradas con llave. Son como fantasmas. Pueden atravesar las paredes, no hay manera de impedírselo. Si consigues impedírselo durante el día, vendrán por la noche, te acosarán en tus sueños.

La gente sueña a causa del inconsciente. Cuanto más civilizada es una persona, más sueña. Vete a ver a los aborígenes, a la gente natural —todavía existen unos pocos— y volverá a sorprenderte que no sueñan mucho, muy raramente, alguna que otra vez. Pasan los años y nunca refieren que han soñado. Simplemente duermen, sin sueños, porque no han reprimido nada. Han estado viviendo naturalmente.

La persona sencilla no tendrá inconsciente, la persona sencilla no tendrá sueños, pero la persona compleja tendrá sueños.

Eso es lo que te pasa. Si has ayunado un día, por la noche tendrás un banquete en tus sueños. El ayuno crea el banquete en el sueño. Y la gente que está de banquete durante el día puede que empiece a pensar en ayunar; siempre piensa en ello. Solo los países ricos se interesan por el ayuno. América está interesada en el ayuno, en las dietas y todas esas cosas. Un país pobre no puede pensar en ayunar. Un país pobre siempre está ayunando, siempre está a dieta, siempre está desnutrido. Solo la gente rica piensa en ayunar. En la India, los jainistas son la comunidad más rica; su religión consiste en ayunar. Los musulmanes son los más

pobres; su religión consiste en tener banquetes. Cuando un pobre celebra una festividad religiosa, da un banquete. Cuando un rico celebra su
festividad religiosa, ayuna.

Puedes ver la lógica de esto. Vamos compensando. El sueño es com-
pensatorio, compensa tu vida despierto. El hombre sencillo no soñará,
el hombre sencillo no tendrá ningún inconsciente.

El hombre sencillo será sencillo. Vivirá momento a momento sin
ninguna idea de cómo vivir; no tendrá ninguna filosofía de la vida. Con-
fiará en su inteligencia. ¿Qué necesidad hay de tener una filosofía? ¿Por
qué debería uno tener una filosofía? Para que pueda guiarte. Eso significa que, si eres estúpido, necesitas una filosofía de la vida para que
pueda guiarte. Si eres inteligente, no necesitas ninguna filosofía de la
vida. La inteligencia es suficiente en sí misma, es una luz en sí misma.

Un ciego pide guía: «¿Dónde está la puerta? ¿En qué dirección debo
ir? ¿Dónde tengo que girar?». Solo un ciego se prepara antes de empezar a andar. El hombre que tiene ojos, simplemente anda, porque ve.
Cuando llegue a la puerta, lo sabrá, y cuando tenga que girar, lo sabrá.
Puede confiar en sus ojos.

Y eso es lo que sucede también en el mundo interno. Confía en tu
inteligencia, no confíes en las filosofías de la vida; de lo contrario, seguirás siendo estúpido. La mayor parte de la humanidad ha permaneci-
do sin inteligencia porque ha confiado en las filosofías de la vida: cristiana, hindú, musulmana.

De nuevo, hay que recordar algo muy importante: todo niño nace
inteligente. La inteligencia no es algo que algunos tienen y algunos no
tienen. La inteligencia es la fragancia de la vida misma. La vida la tiene
—si estás vivo, eres inteligente— pero luego, si nunca confías en ella,
poco a poco empieza a desaparecer de tu vida. Si no usas las piernas,
perderás la capacidad de correr. Si no usas los ojos y los mantienes vendados durante tres años, te quedarás ciego. Solo puedes mantener vivos
tus sentidos si los usas continuamente.

La inteligencia es un fenómeno natural; todo niño nace inteligente.
Muy pocas personas viven inteligentemente, y muy pocas personas
mueren inteligentemente. El noventa y nueve coma nueve por ciento

de las personas permanecen estúpidas toda su vida... y no carecían de inteligencia al principio. Así que ¿qué sucede? Nunca usan su inteligencia. Cuando son niños pequeños, confían en sus padres y su guía.

En un mundo mejor, los padres, si realmente aman a sus hijos, les enseñarán a confiar en su propia inteligencia. En un mundo mejor, los padres ayudarán a los hijos a ser independientes lo antes posible, a actuar sin la ayuda de nadie.

Luego tienen que confiar en los profesores de la escuela; después, en los profesores del instituto y de la universidad. Para cuando ha pasado un tercio de su vida, les han enseñado a confiar en otros: así es como se ha impedido que utilicen su propia inteligencia.

Observa a los niños pequeños, lo inteligentes que son, lo vivos, lo lozanos, lo tremendamente dispuestos a aprender que están. Y observa a las personas mayores, insulsas, insípidas, nada dispuestas a aprender algo, aferrándose a todo lo que saben, nunca dispuestas a emprender ninguna aventura.

En un mundo mejor, a los niños se les hará depender de sí mismos lo antes posible; todo el esfuerzo de los padres debería encaminarse a hacer que sus hijos usen su inteligencia. Y todo el esfuerzo, si la educación es correcta —si es educar y no *mal*educar—, estará encaminado a hacer que el niño tenga que depender de su propia inteligencia una y otra vez, para que pueda desarrollarla, para que pueda usarla. Puede que al principio no sea tan eficiente, eso es verdad —puede que el profesor tenga la respuesta correcta, y si el estudiante tiene que discurrir su propia respuesta, puede que esta no sea tan correcta— pero esa no es la cuestión en absoluto. Puede que la respuesta no sea tan correcta, puede que no se corresponda con las respuestas dadas en los libros, pero será inteligente. Y ese es el quid de la cuestión.

Observa a los niños y no dejarás de estar sorprendido. Pero empezamos a destruir su inteligencia porque estamos demasiado preocupados por la respuesta correcta; no por la respuesta inteligente, sino por la respuesta correcta. Esa es una preocupación equivocada. Dejad que la respuesta sea inteligente, dejad que la respuesta sea un poco original, dejad que la respuesta sea la propia respuesta del niño. No os preocupéis por la respuesta correcta, no tengáis tanta prisa; la respuesta correcta llegará por sí misma. Dejad que el niño la busque, dejad que dé con ella por sí mismo. ¿Por qué tenemos tanta prisa?

Simplemente dejamos de lado el crecimiento de la inteligencia del niño; le suministramos la respuesta correcta. Piensa un momento: todo el proceso es que al niño no se le permite nunca encontrar la respuesta él mismo. Le damos la respuesta. Cuando la respuesta viene dada de fuera, la inteligencia no necesita crecer, porque la inteligencia solo crece cuando tiene que encontrar la respuesta ella misma.

Pero estamos tan obsesionados con la idea de lo correcto. No se debería hacer nada incorrecto. ¿Por qué no? Y la persona que nunca hace nada incorrecto nunca crece. El crecimiento requiere que a veces tienes que andar descaminado, que tienes que empezar a juguetear, a hacer el tonto, que tienes que encontrar cosas originales... puede que sean erróneas; y deberías llegar a lo correcto con tus propios esfuerzos, con tu propio crecimiento; entonces hay inteligencia.

Ser sencillo significa ser inteligente. Simplicidad es inteligencia, es vivir sin ideales, sin guías, sin mapas, vivir simplemente momento a momento sin ninguna seguridad.

Nuestra preocupación por lo correcto y nuestro miedo a lo incorrecto no es más que nuestro miedo a lo inseguro. Lo correcto nos hace sentir seguros, lo incorrecto nos hace sentir inseguros, pero la vida es inseguridad. No hay seguridad en ninguna parte. Puede que tengas un activo bancario, pero el banco puede irse a la bancarrota cualquier día. Puede que tengas la seguridad de tener un marido o una esposa, pero la esposa puede dejarte en cualquier momento, se puede enamorar; o el marido se puede morir.

La vida es insegura. La seguridad es solo una ilusión que creamos en torno a nosotros, una ilusión cómoda. Y debido a esta ilusión cómoda, matamos nuestra inteligencia. El hombre que quiera vivir sencillamente tendrá que vivir en la inseguridad, tendrá que aceptar el hecho de que nada es seguro y certero, de que estamos en un viaje desconocido, de que nadie puede estar seguro de adónde vamos y nadie puede estar seguro de dónde venimos.

De hecho, excepto las personas estúpidas nadie tiene ilusiones de certeza. Cuanto más inteligente eres, menos certidumbre tienes. Cuanto más inteligente eres, más indeciso, porque la vida es enorme. La vida es inmensa, inmensurable, misteriosa. ¿Cómo vas a poder tener certeza?

Sencillez es vivir en la incertidumbre, vivir en la inseguridad. Vivir una vida sin ideales, sin carácter, una vida no enraizada en el pasado, no motivada por el futuro; una vida completamente aquí y ahora.

Una luz en ti mismo

Las últimas palabras en la Tierra del Buda Gautama fueron: «Sé una luz en ti mismo». No sigas a otros, no imites, porque la imitación, seguir, genera estupidez. Naces con una posibilidad tremenda de inteligencia. Naces con una luz dentro de ti. Escucha a la voz queda, pequeña, que hay dentro de ti, y ella te guiará. Nadie más puede guiarte, nadie más puede convertirse en un modelo para tu vida, porque eres único. Nunca ha existido nadie que fuera exactamente como tú, y nunca va a existir nadie que sea exactamente como tú. Esta es tu gloria, tu grandeza: que eres absolutamente irreemplazable, que eres simplemente tú y nadie más.

La persona que sigue a otros se vuelve falsa, se vuelve pseudo, se vuelve mecánica. Puede que los demás le consideren un gran santo, pero en lo más hondo es simplemente ininteligente y nada más. Puede que tenga un carácter muy respetable, pero eso es solo la superficie, no tiene siquiera la profundidad de la piel. Ráscale un poco y te sorprenderá que por dentro es una persona totalmente diferente, justo lo contrario de su exterior.

Siguiendo a otros puedes cultivar un bello carácter, pero no puedes tener una bella consciencia, y a menos que tengas una bella consciencia, nunca puedes ser libre. Puedes seguir cambiando de prisión, puedes seguir cambiando de sumisión, de esclavitud. Puedes ser hindú, musulmán, cristiano o jainista, eso no va a ayudarte. Ser jainista significa seguir a Mahavira como modelo. Pero no hay nadie que sea como Mahavira ni nunca podrá haberlo. Siguiendo a Mahavira te volverás una entidad falsa. Perderás toda realidad, perderás toda la sinceridad, serás infiel a ti mismo. Te volverás artificial, fingido, y ser artificial, fingido, es la manera de ser de los mediocres, los estúpidos, los tontos.

Buda define la sabiduría como vivir en la luz de tu propia consciencia, y la necedad como seguir a otros, imitar a otros, convertirse en una sombra de alguien.

El verdadero maestro crea maestros, no seguidores. El verdadero maestro te empuja de vuelta a ti mismo. Todo su esfuerzo se encamina a hacerte independiente de él, porque has sido dependiente durante siglos, y no te ha conducido a ninguna parte. Todavía sigues tambaleándote en la noche oscura del alma.

Solo tu luz interna puede convertirse en el amanecer. El falso maestro te persuade para que le sigas, para que le imites, para que seas una réplica exacta de él. El verdadero maestro no te permitirá que seas una réplica, quiere que seas el original. ¡Te ama! ¿Cómo va a convertirte en un imitador? Siente compasión por ti, le gustaría que fueras completamente libre... libre de toda dependencia externa.

Pero el ser humano corriente no quiere ser libre. Quiere ser dependiente. Quiere que le guíe otro. ¿Por qué? Porque entonces puede echar toda la responsabilidad sobre los hombros de otro. Y cuanta más responsabilidad echas sobre los hombros de otro, menor es la posibilidad de que alguna vez llegues a ser inteligente. Es la responsabilidad, el reto de la responsabilidad, lo que crea la sabiduría.

Hay que aceptar la vida con todos sus problemas. Hay que ir por la vida sin protección; hay que buscar y explorar el propio camino. La vida es una oportunidad, un reto, para encontrarse a uno mismo. Pero el necio no quiere ir por el camino difícil, el necio elige el atajo. Se dice a sí mismo: «Buda lo ha logrado, ¿para qué me voy a molestar yo? Simplemente observaré su conducta y la imitaré. Jesús lo ha logrado, así que ¿para qué voy a buscar y explorar? Puedo simplemente convertirme en una sombra de Jesús. Puedo simplemente ir siguiéndole dondequiera que vaya».

Pero ¿cómo vas a volverte inteligente siguiendo a otro? No darás ninguna oportunidad de brotar a tu inteligencia. Para que surja la inteligencia se requiere una vida llena de retos, una vida llena de aventura, una vida que sabe arriesgar y sabe entrar en lo desconocido. Y solo la inteligencia puede salvarte; nada más. Presta atención: tu propia inteligencia, tu propia consciencia, puede convertirse en tu *nirvana*.

Sé una luz en ti mismo y serás sabio; deja que otros se vuelvan tus líderes, tus guías, y permanecerás estúpido, y te seguirás perdiendo todos los tesoros de la vida... que son tuyos.

6

Síntomas, indicaciones y obstáculos
Respuestas a preguntas

¿Pueden los ordenadores asumir el control de la tarea
de la inteligencia humana?

Puede que la pregunta no parezca muy seria, pero es una de las preguntas más serias posibles. Lo primero que hay que recordar es que va a suceder. No hay ninguna posibilidad de evitarlo; tampoco hay ninguna necesidad de evitarlo. Es posible que yo sea el único en el mundo que está totalmente a favor de que los cerebros mecánicos asuman el control de la tarea de la inteligencia humana. Las razones de por qué estoy a favor de algo tan extraño son muy claras.

En primer lugar, lo que llamamos la mente humana es ella misma un bioordenador. El mero hecho de que hayas nacido con él no significa mucho. Se puede implantar en tu mente un ordenador mejor: mucho más eficiente, mucho más inteligente, mucho más completo.

Siempre hay gente que tiene miedo a cualquier cosa nueva. Las religiones, las iglesias, se han opuesto vehementemente a cualquier cosa nueva, porque toda cosa nueva cambia toda la estructura de la vida humana. Por ejemplo, el ordenador puede cambiar toda la estupidez que el hombre ha evidenciado durante toda la historia. No creo que los ordenadores querrán crear guerra, o que los ordenadores explotarán a la gente, o que los ordenadores discriminarán entre negro y blanco, entre hombre y mujer.

Además, tú eres siempre el amo, no el ordenador. Siempre puedes cambiar el programa del ordenador. El ordenador es simplemente un instrumento tremendo, que te proporciona inmensas posibilidades que no te están disponibles biológicamente. Puedes hacer cosas que el hombre nunca ha soñado. El ordenador puede ser mil veces superior a Einstein. Naturalmente, el ordenador puede producir una ciencia mucho más fundamental, mucho más real, que no cambie cada día porque siguen sucediendo nuevos descubrimientos y los viejos descubrimientos se quedan anticuados. El ordenador puede alcanzar el centro mismo de la realidad.

Puede revelarte todo lo que quieras. Es un instrumento en tus manos. No es un peligro.

Y como el ordenador hará todo el trabajo intelectual, mental, nadie ha visto la posibilidad que voy a decirte, que tú quedas simplemente libre para relajarte en la meditación. El ordenador lo puedes poner a un lado. El ordenador pensará en todo; tú no necesitas seguir charlando sin parar innecesariamente. Y el ordenador no es cristiano, no es hindú, no es musulmán. Es simplemente un dispositivo mecánico creado por la conciencia humana. Y a cambio, puede ayudar a la consciencia humana a alcanzar su potencial más alto.

Pero siempre se opondrán a todo lo nuevo, porque todo lo nuevo dejará anticuado a lo viejo. Las viejas fábricas cerrarán, las viejas industrias cerrarán. Hay muchos inventos que nunca se han comercializado en el mundo porque la gente cuyos negocios se verán afectados por ellos adquiere las patentes. Y el científico no tiene el dinero suficiente para hacer realidad su concepción.

Hay cientos de inventos que pueden ayudar a la humanidad a tener más comodidad, a estar más contenta, a tener mejor ropa, mejor comida. Pero nunca saldrán a la luz porque hay personas que quedarán arruinadas si estas cosas nuevas llegan al mercado. Y, naturalmente, todo lo nuevo produce miedo.

Pero hoy, muchas fábricas funcionan con robots. Nunca se cansan, nunca se jubilan; no piden un sueldo o un aumento; no crean sindicatos, no van a la huelga. Son la gente más agradable que pueda encontrarse. Y trabajan las veinticuatro horas, día tras día. Su eficiencia es perfecta, al cien por cien. Pero es un peligro, porque la gente se queda si empleo. Y ahora estas personas sin trabajo crearán problemas; no quieren robots. Pero yo estoy totalmente a favor de los robots. Todo el mundo debería estar en el paro y cobrando: cobrando por estar en el paro. Los robots hacen el trabajo, tú recibes el sueldo. Y la vida se vuelve pura alegría.

Entonces puedes meditar, puedes bailar, puedes cantar, puedes viajar por el mundo. El problema surge porque no podemos pensar en la solución. La solución es simple. Te pagaban porque producías. Ahora el robot produce más, mucho más eficazmente, y no le pagan. No hay necesidad de que permanezcas sin trabajo, hambriento, pobre. Es una aritmética muy sencilla: deberían pagarte... pagarte más porque ahora has dejado libre el sitio para un robot que produce cien veces más. De modo que si te aumentan el sueldo al doble no hay ninguna pérdida.

Y si todo el mundo está en el paro y tiene dinero suficiente para disfrutar, ¿crees que alguien se alistará en el ejército? La gente se alistará a los carnavales, a los circos... Habrá todo tipo de celebraciones, pero no hay necesidad de guerra. E incluso si la guerra es una necesidad absoluta, hay robots; que luchen ellos. Nadie ganará. Ambos bandos son robots; no matarán a nadie. Volverán todos los días sin algunas partes; repáralos y hazles volver. Incluso la guerra puede convertirse en una gran alegría; no será cuestión de derrota o victoria.

Pero la gente tiene miedo porque no puede concebir un mundo en el que la gente no sufra. Tu preocupación es que estos ordenadores van a tomar el lugar de la inteligencia. Serán muy superiores en inteligencia, pero recuerda una cosa: esos ordenadores están en tus manos. Tú no estás en sus manos, de manera que no hay problema.

Hasta ahora has vivido con arreglo a la memoria, que es una carga innecesaria que llevas en la cabeza. Veinticinco años de enseñanza en escuelas, colegios, universidades; doctorados en filosofía, en literatura... ¿Qué estás haciendo? Estás creando un ordenador, pero con un método viejo, anticuado: obligando a niños pequeños a memorizar. No es necesario. El ordenador puede hacerlo todo, simplemente tienes que darle la información.

Puedes comprar un ordenador que lo sepa todo sobre la ciencia médica. No necesitas ir a una facultad de medicina; simplemente le preguntas al ordenador e inmediatamente tienes la respuesta. Tu memoria no es fiable. Y al ordenador siempre se le puede proveer de nueva memoria, porque todos los días se hacen nuevos descubrimientos. El ordenador se puede conectar al ordenador central de la universidad, de modo que, sin que tú te molestes siquiera, todo nuevo descubrimiento relacionado con tu tema se introduzca inmediatamente en tu ordenador. Te espera ahí; haces una pregunta y el ordenador te lo dice.

Puedes tener un ordenador multidimensional que tenga todo tipo de memorias, o un ordenador unidimensional que solo tenga historia, toda la historia de la humanidad. Tú no puedes tener toda la historia de la humanidad. ¿Sabes en qué fecha se casó Sócrates con Xantipe? El ordenador te lo dice inmediatamente. Esa fecha funesta... Siempre he sospechado que Sócrates aceptó el veneno tan fácilmente a causa de su mujer, porque la vida era un suplicio... la muerte no podía ser peor.

¿Cuánto puedes memorizar? Tu memoria tiene un límite. Pero el ordenador puede memorizar cantidades casi ilimitadas de cosas. Y hay muchas más posibilidades: un ordenador puede conjuntarse con otro ordenador y lograr concebir nuevos inventos, nuevas medicinas, nuevas formas de salud, nuevas maneras de vivir.

No se debería considerar monstruos a los ordenadores. Son una gran bendición. Y lo que ha hecho el intelecto del hombre es muy pequeño. Una vez que el ordenador asuma el control, se puede hacer tanto que no habrá necesidad de que nadie esté hambriento, no habrá necesidad de que nadie sea pobre; no habrá necesidad de que nadie sea ladrón, no habrá necesidad de que nadie sea juez, porque todos ellos pertenecen a la misma profesión: los jueces y los ladrones, los criminales y los legisladores. No hay necesidad de que nadie sea pobre y no hay necesidad de que nadie sea rico. Todo el mundo puede ser adinerado.

Pero, quizá, ningún gobierno permitirá que esto suceda. Ninguna religión permitirá que esto suceda, porque irá contra sus escrituras, irá contra sus doctrinas. Los hindúes creen que tienes que sufrir porque realizaste acciones malvadas en tu vida pasada. Nadie sabe nada sobre las vidas pasadas. No pueden aceptar un invento que puede hacer desaparecer el sufrimiento, la pobreza, la enfermedad, porque entonces ¿qué pasará con la teoría de la reencarnación, y las recompensas y los castigos por las buenas y las malas acciones? Toda la doctrina del hinduismo será simplemente absurda.

Un joven salió de la universidad con un título de doctor en medicina. Su anciano padre le estaba esperando, porque estaba cansado, había trabajado toda su vida. Tres de sus hijos estaban estudiando en la facultad de medicina; si al menos volviera uno, podía sustituirle y mantener a los otros dos. Y el joven dijo inmediatamente:

—No necesitas preocuparte. Relájate y descansa, yo me ocuparé.

Al tercer día se acercó a su padre y le dijo:

—Papá, he curado a la mujer que has estado tratando treinta años.

—¡Idiota! —le apostrofó el padre—. Esa es la mujer que ha pagado tus estudios y que estaba pagando los de tus otros dos hermanos. La estaba manteniendo en este estado. Era tan rica que podía permitirse estar enferma. No era pobre.

Ser rico y estar enfermo es muy peligroso. Ser pobre y estar enfermo no es muy peligroso. Te curarán pronto, porque no puedes pagar mucho. Antes bien, puede que le preguntes al médico: «¿Qué hay de la medicina, qué hay de la comida que me ha recetado? No tengo dinero». El médico pensará: «Es mejor curarle y librarme de él». Pero cuando un rico está enfermo, entonces se convierte en un extraño dilema profesional en la mente del médico: curarle o hacer que se prolongue la enfermedad... porque cuanto más tiempo se prolongue, más dinero ganas. Si le curas, no consigues ese dinero.

Pero si los ordenadores pueden tener el control, entonces muchas profesiones se verán afectadas. Y estas serán las profesiones que lo impedirán; darán mil y una disculpas: Dios nunca creó un ordenador, los ordenadores son peligrosos porque os quitarán toda la inteligencia...

¿Qué estáis haciendo con vuestra inteligencia? ¿Ser desgraciados, ser celosos? Al menos los ordenadores no serán celosos y no serán desgraciados. ¿Qué estáis haciendo con vuestra inteligencia? Destructividad, todo tipo de guerras, todo tipo de violencia.

Los ordenadores pueden daros unas vacaciones completas para toda vuestra vida. Podéis relajaros. Tendréis que aprender a relajaros, porque os habéis vuelto todos adictos al trabajo. Durante miles de años, ¡trabajo, trabajo, trabajo duro! Los ordenadores irán contra todo vuestro condicionamiento respecto al trabajo. Por primera vez, la pereza se convertirá en una cualidad espiritual: Bienaventurados son los más perezosos, porque suyo es el reino de este planeta. Y en su pereza, si quieren, pueden hacer bellos jardines. Es simplemente por alegría, sin ningún propósito. Pueden pintar; no para vender, sino solo para gozar de los colores, la mezcla de colores, la danza de los colores. Pueden hacer música; no por ninguna razón monetaria, no como negocio, sino simplemente como una alegría juguetona.

La vida aquí en este planeta puede realmente volverse lo que el hombre ha soñado como el paraíso. No es necesario ir tan lejos. Y nadie conoce el camino y nadie ha ido nunca allí. Y los que han ido ni siquiera han enviado una postal: «¡Hemos llegado!». Una gente muy tacaña... ni una tarjeta navideña... Pero el paraíso hay que crearlo; no existe ningún paraíso en la existencia. Tiene que salir de la consciencia, de la consciencia del hombre.

El ordenador también forma parte de la creatividad del hombre. No hay necesidad de que se vuelva un competidor; tú eres el amo. Y, por vez primera, el ordenador y tú estáis separados. Eso es lo que todas las enseñanzas de los místicos te han estado diciendo, que tu mente y tú estáis separados. Pero es difícil, porque la mente está dentro de tu cabeza, y tu consciencia está tan cerca de ella, de modo que miles de místicos han estado enseñando esto, pero nadie escucha. La distancia no es muy grande. Pero con los ordenadores, la distancia será muy clara, no habrá necesidad de que ningún místico te lo diga.

Todo el mundo tiene su propio ordenador en el bolsillo y sabe que está separado. Y uno está liberado de pensar: lo hace el ordenador. Si quieres pensar cualquier cosa, dile al ordenador que lo piense. Si surge tu viejo hábito de charlar, dile al ordenador: «Charla», y charlará. Pero, por vez primera, puedes ser lo que decían los budas: consciente, silencioso, tranquilo, un remanso de consciencia.

Un ordenador no puede ser consciente. Un ordenador puede ser intelectual, un ordenador puede tener muchos conocimientos; un ordenador puede tener tantos conocimientos que puede contener toda la información de todas las bibliotecas de todo el mundo; un simple ordenador que puedes llevar en el bolsillo. Liberará a millones de personas de tener que memorizar cosas innecesarias. Liberará a millones de personas de tener que enseñar y torturar a los estudiantes. Los exámenes y todo tipo de estupideces desaparecerán.

El ordenador puede ser uno de los fenómenos más importantes que han sucedido nunca. Puede convertirse en el salto cuántico. Puede deshacerse del pasado y de todos los condicionamientos del pasado.

Hymie Goldberg respondió a un anuncio por palabras de un periódico que decía: «¡Gran oportunidad!». Le dan una dirección y se encuentra cara a cara con el anciano Finkelstein.

—Lo que estoy buscando —explica el viejo Fink— es alguien que se haga cargo de todas mis preocupaciones. Su trabajo será echarse al hombro todas mis inquietudes.

—Es un trabajo duro —dijo Hymie—. ¿Cuánto me pagará?

—Le pagaré veinte mil dólares al año —contestó el viejo Fink— por hacer suyas todas mis preocupaciones.

—De acuerdo. ¿Cuándo cobro?

—¡Ajá! Esa es su primera preocupación.

¿Por qué la humanidad parece tan dispuesta a ir por el camino hacia el suicidio global?

La razón es clara. La gente se ha dado cuenta de que su vida no tiene sentido, de que no pasa nada excepto sufrimiento; de que la vida no tiene nada que ofrecer excepto ansiedad, angustia.

Los individuos siempre se han suicidado. Y te sorprenderá: las personas que se han suicidado han sido siempre un poco más inteligentes que las personas normales. Los psicólogos se suicidan dos veces más que ninguna otra profesión. Los pintores, poetas, filósofos, se vuelven locos o se suicidan. Nunca se ha oído que los idiotas se suiciden, ni que se vuelvan locos.

Los idiotas nunca se han suicidado porque ni siquiera pueden reflexionar sobre el sentido, el significado, el propósito. No piensan en absoluto; simplemente viven, vegetan. Cuando mayor es la inteligencia, más peligrosa, porque te hace darte cuenta de que la vida que estás viviendo está vacía, absolutamente vacía. No hay nada a lo que agarrarse. Sabes que mañana será una repetición de hoy, de modo que ¿para qué continuar?

Los individuos se han suicidado porque solo los individuos han alcanzado un cierto nivel de inteligencia, de entendimiento de si la vida tiene algún sentido o no. Ahora, por primera vez, millones de personas por toda la Tierra han alcanzado esa madurez en la que sienten que la vida no tiene sentido. Esa es la razón por la que la humanidad va hacia un suicidio global. No parece haber ninguna razón para continuar. ¿Para qué? Has vivido tu vida y no has encontrado nada. Ahora tus hijos vivirán y no encontrarán nada: generación tras generación, tan solo vacío en vuestras manos... ninguna plenitud, ningún goce.

Pero, para mí, esto ofrece al hombre una tremenda oportunidad. Solo las personas altamente inteligentes se han suicidado o se han vuelto locas, porque no podían vivir con este mundo demencial. No podían adaptarse a todo tipo de demencias que hay por todas partes. Se sintieron deshechos: esa fue su locura. Pero solo el mismo tipo de personas se ha iluminado también.

De modo que estas son las tres posibilidades para la inteligencia. O la persona inteligente se vuelve loca porque no puede llegar a entender qué está pasando, por qué está pasando, por qué se supone que tiene que hacer esto o aquello. O, al ver la situación, que le está volviendo loco, se suicida, pone fin a su vida. Esto ha sucedido principalmente en Occidente.

En Oriente, el mismo tipo de personas ha intentado otra cosa: no la locura, sino la meditación. Occidente es pobre es ese aspecto. No conoce la riqueza de la meditación. No sabe que la meditación puede transformar toda tu visión de la vida; puede darte un sentido, una belleza, una bendición tremendos. Entonces la vida es algo sagrado, no puedes destruirla.

Debes observarlo, que en Oriente la tasa de suicidios es muy baja comparada con Occidente. Y una cosa más: en Oriente, las personas que se vuelven locas no son realmente muy inteligentes. Están enfermas psicológicamente. No es su inteligencia lo que les ha conducido a la locura, es algo que falta en sus mentes. Quizá su comida no es la adecuada, no es suficiente para que madure su mente. Su vegetarianismo carece de ciertas proteínas que son absolutamente necesarias para que crezca la inteligencia.

De modo que la locura en Occidente y en Oriente es totalmente diferente. La locura en Oriente es algo psicológico: carecen de ciertas cosas, su crecimiento está inhibido, sus mentes no pueden desarrollarse de la manera que podrían haberlo hecho.

Las personas que se suicidan en Oriente también son diferentes de las personas que se suicidan en Occidente. En Oriente la gente se suicida debido al hambre, debido a la inanición, porque no puede arreglárselas para vivir... y la vida se vuelve una tortura. De manera que hay una diferencia cualitativa.

Pero las personas inteligentes en Oriente siempre han recurrido a la meditación. Cada vez que han sentido que la vida no tiene sentido, han tratado de encontrar el sentido dentro de ellas mismas; eso es la meditación. Han tratado de descubrir la fuente misma de la vida, del amor, y la han encontrado. Cualquiera que mire para dentro está abocado a encontrarla. No está lejos, está simplemente dentro de ti. ¡La estás llevando todo el tiempo!

La intelectualidad occidental busca el sentido fuera, y no hay ningún sentido fuera. Buscan la dicha fuera. Recuerda, la belleza está en los ojos del que mira; no está fuera. Y lo mismo sucede con el sentido, la dicha, la bendición. Está dentro de tu visión, está dentro de ti. Cuando lo tienes, puedes proyectarlo sobre toda la existencia. Pero primero tienes que encontrarlo dentro de ti mismo.

Si Jean-Paul Sartre, Marcel, Martin Heidegger, Ludwig Wittgenstein, Bertrand Russell, personas como estas, hubieran nacido en Oriente, habrían llegado a ser seres iluminados. Pero, en Occidente, llegaron a estar sobrecargados de angustia, ansiedad. Se encontraron con que todo es accidental y sin sentido, la vida no tiene ningún propósito, y la alegría es solo un sueño, solo una esperanza; no existe en realidad.

Occidente necesita la meditación. Oriente necesita la medicina; está enfermo en el cuerpo. Occidente está enfermo en el alma. Una vez que comprendemos el problema claramente... Ahora bien, no es Oriente lo que es un peligro para el mundo; a lo sumo, pueden morirse de hambre como se están muriendo en Etiopía. Pero no es un peligro para el mundo. De hecho, en cierta forma el famélico Oriente al morir está ayudando al mundo. Está reduciendo la población del mundo. Está haciendo que todos seáis más ricos, sin que lo sepáis. Mueren al día mil etíopes... puede que no te des cuenta de que, de algún modo, están contribuyendo a vuestro bienestar, pero lo están haciendo, porque si se reduce la población del mundo, la gente puede vivir más cómodamente, más desenvueltamente, más alegremente.

El problema no viene de Oriente, el problema viene de Occidente. El problema es que la intelectualidad occidental está harta de la vida, de manera que no existe ninguna resistencia real contra las armas nucleares, contra una tercera guerra mundial. De hecho, parece que, en el fondo, la mente occidental espera de alguna forma que suceda pronto, porque la vida no tiene sentido.

En vez de pensar en arriesgarte a suicidarte tú mismo, si los políticos pueden arreglárselas para destruir el mundo entero, eso será mucho más fácil. No estarás sumido en el dilema de ser o no ser. No tendrás que pensar si destruirte a ti mismo o no, no tendrás que preguntarte si quizá mañana puede que las cosas sean diferentes.

Suicidarse es una responsabilidad individual, pero una guerra global, una guerra nuclear... toda tu responsabilidad personal desaparece. No es obra tuya, simplemente está pasando.

¿Por qué la intelectualidad occidental no está luchando realmente contra las armas nucleares? ¿Por qué los científicos —que forman parte de la intelectualidad— todavía están sirviendo a los gobiernos? La manera más sencilla será que todos los científicos que están creando armas nucleares deberían dimitir. Deberían decir: «Basta ya. No podemos crear estas armas que van a destruir la vida sobre la Tierra». Y los poetas, los filósofos, los pintores... no parece que protesten. Se han vuelto meros espectadores. Esta es la razón que hay detrás de ello. La humanidad occidental ha sido convertida poco ha poco en espectadores... en relación con todo.

Tú no juegas al fútbol, sino veintidós personas que son profesionales; este es su negocio, jugar al fútbol. Y millones de personas son simplemente espectadores, y se excitan tanto... dando saltos en sus asientos, gritando, chillando. Si no están en el estadio, están en su casa sentados ante la pantalla de televisión y hacen los mismos gestos allí. Otros están jugando; tú eres solo un espectador.

El americano medio mira la televisión de cinco a seis horas al día: seis horas de ser solo un espectador, no un participante. Luego están las películas, en las que sois espectadores, y los combates de boxeo, en los que sois espectadores. Parece que habéis perdido el contacto con la vida. Simplemente veis vivir a otros; vuestra vida es simplemente mirar. Alguien está en una competición para un campeonato del mundo de ajedrez, y tú miras. ¿No puedes jugar al ajedrez tú mismo? ¿No puedes jugar al fútbol tú mismo?

No es algo lejano, ya está sucediendo... No harás el amor con tu mujer, con tu novia; lo hará otro y tú mirarás, gritando: «¡Ajá! ¡Estupendo! ¡Sigue!».

Les has dejado toda la vida a otros para que la vivan en tu nombre, y luego preguntas dónde se ha ido el sentido, por qué no te sientes vivo, por qué no hay alguna trascendencia en tu vida. Los espectadores no pueden tener trascendencia; solo los participantes, totalmente involucrados, intensamente involucrados en cada acción.

De manera que, quizá, la intelectualidad occidental está simplemente en la situación de espectadores, mirando cuándo se anuncia en la televisión que ha comenzado la tercera guerra mundial. Oyendo la radio, leyendo el periódico... Pero ¿estáis haciendo algo o no?

Es *hacer* lo que hace que sigan fluyendo tus jugos. Si simplemente estás mirando, tus propios jugos se secan. Te conviertes en un esqueleto.

Me sorprende que Occidente tiene una gran mayoría, culta, inteligente, en el mundo, pero no hacen nada, no toman cartas en ningún asunto. El sida se está esparciendo; simplemente miráis. Vuestros gobiernos están apilando armas nucleares, preparando vuestra pira funeraria... y vosotros simplemente miráis.

Hay que sacaros de este estado hipnótico de ser un mero espectador. No hay mucha gente que está haciendo armas nucleares. Solo hay unos pocos científicos que saben hacerlas. ¿No podéis decirles: «No, no vamos a ser servidores de la muerte»?

Y todos los poetas y todos los pintores y los grandes ganadores del Premio Nobel, los novelistas, los actores, los músicos, los bailarines... ¿qué están haciendo? Debería haber una gran protesta para que todas las armas nucleares sean hundidas en el Pacífico. Quien fuera que le puso el nombre de «Pacífico» debió de haber tenido una gran visión de futuro. Ahora hay que hacer que ese nombre se convierta en una realidad.

Pero el problema es que, a menos que empieces a sentir algún sentido en la vida, alguna alegría surgiendo en ti, alguna fragancia en torno a ti, no puede luchar por la vida. Y la vida necesita, por primera vez en la historia del hombre, que se luche por ella.

La meditación creará la atmósfera necesaria. Hará que vuelvas a la acción, al amor, al sentido. Y entonces, naturalmente, verás que es hora de tener que hacer algo. Esta bella Tierra no debería morir.

Este es un planeta único, muy pequeño. En este inmenso universo, que no conoce límites, esta pequeña Tierra es única; única porque aquí cantan los pájaros, aquí florecen las flores, la vida ha alcanzado un nuevo nivel: la consciencia. Y en unas pocas personas la consciencia ha llegado a su punto omega: la iluminación.

Comparado con la Tierra, todo el universo está muerto. Es grande, enorme, pero incluso una sola rosa es mucho más valiosa que las mayores estrellas. Quien quiere destruir esta Tierra quiere destruir algo único que está evolucionando. Y ha costado milenios llegar a este estado de consciencia. Aunque solo unas pocas personas han alcanzado el gozo y el éxtasis supremo, eso es suficiente para hacer de esta Tierra el mayor tesoro.

Hay millones de sistemas solares, pero ningún sistema solar puede alegar un Buda Gautama, un Lao Tsé, un Bodhidharma, un Kabir. Esta Tierra ha hecho algo inmensamente grande, ha enriquecido a todo el universo. No puede ser destruida.

Hay que detener la guerra; y está en nuestras manos hacerlo. No seas solo un espectador. En vez de simplemente quedarte en tu sufrimiento, empieza a buscar fuentes de vida y de misterio dentro de ti. Esa es la única posibilidad de salvar al mundo entero.

No puedo hacer frente a muchas situaciones sociales en las que me encuentro. ¿Necesito la ayuda de un psiquiatra?

Tu mente está perfectamente bien. De hecho, esta situación les ocurre a todos los que tienen cierta inteligencia. No es que te falte algo, es que tienes más inteligencia que la media. Este problema no se debe a una carencia, este problema se debe a algo extra: tienes más inteligencia que la media.

Cuando la mente es un poco más inteligente, nunca está satisfecha, porque siempre puede imaginar situaciones mejores; ese es el problema. ¡Si tienes mil rupias y eres estúpido puedes sentirte satisfecho! Pero ¿cómo puede estar satisfecho un hombre inteligente? Pensará en dos mil, tres mil, cinco mil; no importa lo que tenga, siempre puede imaginar más.

Tienes una bella mujer; una persona inteligente empieza a pensar en más bellas mujeres, sigue fantaseando. Un idiota está satisfecho porque no puede imaginar; ni siquiera puede imaginar una situación mejor, así que ¿por qué va a estar insatisfecho, cómo va a estar insatisfecho?

¡De modo que los psiquiatras no pueden ayudarte, porque no tienes nada malo! No pueden subsanar nada porque no hay nada erróneo. Tienes más inteligencia que la media. Lo que tendrás que hacer será aplicar esta inteligencia más profundamente. En vez de pedir ayuda a alguien, tendrás que aplicar tu propia inteligencia a tus problemas.

Por ejemplo, cuando estés insatisfecho con algo, toma mucha consciencia de por qué estás insatisfecho; ve toda la insatisfacción, entra en ella con profundidad. Capa tras capa, abre todas las puertas, examina cada situación, cada estado de ánimo. La consciencia te ayudará, porque tienes inteligencia, y la inteligencia puede ser convertida en consciencia.

Los sermones no servirán; alguien que diga: «Simplemente siéntete satisfecho», no te va a ayudar; eso no puede servir. Tendrás que analizar tus estados de ánimo con profundidad. De manera que cuando te sientas insatisfecho, no hay nada de malo en ello; ¡lo primero que hay que recordar es que no tiene nada de malo! Deberías sentirte afortunado, porque podrías haber sido estúpido; las personas estúpidas nunca tienen este problema, los idiotas no tienen ningún problema. Un problema es una buena señal.

Y cuando piensas en la vida, cuando tomas consciencia de la vida... la vida no tiene sentido, así que ¿cómo vas a estar satisfecho con ella? Si entras profundamente en esto, poco a poco empezarás a sentir que en la vida no hay ninguna posibilidad de ninguna satisfacción. Entonces te has topado con la primera verdad básica: que la vida no tiene sentido. Entonces uno puede empezar a ir hacia dentro; entonces no hay necesidad de ir fuera, porque fuera no hay ningún sentido posible. Solo hay ansiedad y angustia.

Y la gente como tú se suicida. Cuando se vuelve demasiado opresivo y todo es insatisfactorio y nada trae felicidad, uno empieza a sentir: «¿Para qué seguir viviendo? ¡Entonces, destrúyete!». Las personas de tu tipo, o se suicidan o se vuelven grandes buscadores; estas dos son las posibilidades. Si no se destruyen a sí mismos, empiezan a ir hacia dentro y crean una nueva vida. La vida que está disponible a través de los sentidos no tiene sentido, pero esa no es la única vida. Hay una vida más, mucho más grande, mucho más gloriosa, y esta es la vida de una consciencia interior.

De manera que ahora te estás volviendo un buscador, estás a las puertas de ello, así que no pienses que estás enfermo. Si piensas en esos términos, empezarás a sentirte enfermo; te hipnotizarás a ti mismo hasta creer que estás enfermo. No estás enfermo en absoluto. ¡Abandona completamente esa idea! No vayas nunca a un psiquiatra, porque si vas, encontrarán algo erróneo en ti incluso si no existe. Tienen que encontrarlo; también tienen que vivir, de modo que, cuando viene alguien, tienen que encontrar algo que no esté bien y tratarle.

Puedo verte muy profundamente y no hay nada que esté mal. Es solo que tienes la mala suerte, en cierto modo, de que tienes más inteligencia que la media. De manera que puedes hacer de ello un sufrimiento y puedes hacer de ello una bendición; depende de ti.

Estoy harto de mí mismo, no siento ninguna conexión entre mi mundo interno y el externo. Solían interesarme muchas cosas, pero ya no me siento ligado a ellas.

Así es como se sentirá una persona inteligente. El aburrimiento es el precio de la inteligencia. No se debería de tomar tan negativamente. Esto es bueno, porque al comprender esto existe una posibilidad de trascender. Si no estás harto, nunca puedes transcenderte. Bienaventurados son los que están realmente hartos, porque pueden transcender. Por supuesto, transcender es una tarea difícil y ardua; no es fácil. Es como escalar el Everest —es difícil— pero una vez que te sientes harto, entonces incluso en la dificultad hay un reto.

De manera que lo primero es: no te preocupes por ello; es bueno que sea así. Y no te lo tomes negativamente; es parte de la inteligencia, y eres una persona inteligente, así es que, naturalmente, estás abocado a llegar a este estado de aburrimiento.

Lo segundo...

Cuando empieces a sentirte harto, naturalmente empezarás a pre-

guntarte cómo ir hacia dentro, porque estás harto de lo externo, conoces todo lo externo. He estado leyendo hoy una historia muy antigua de
un rey; se llamaba Bhartirhari. Cuando llegó a ser el rey, llamó a todos
sus ministros y les dijo:

—Esta será mi pauta y esta es la orden que os doy: quiero experi-
mentarlo todo una vez, pero nunca dos veces. De modo que no hay que
volver a servirme la misma comida, no hay que volver a traerme la misma mujer... ¡Todo solo una vez!

Hacia el fin del año, vinieron a decirle:

—Más no es posible. Hemos hecho todo lo que podíamos. Ahora
estamos volviéndonos locos... ¡No podemos encontrar cosas nuevas!

—Está bien, ¡renunciaré a todo! —afirmó el rey. Y se hizo *sannya-
sin*, monje. Dijo—: ¡Se acabó! Lo he probado todo una vez, ¿qué sentido tiene saborearlo dos veces? ¡No soy tan tonto! Una vez está bien,
ahora conozco su sabor, pero ¿qué sentido tiene repetir su sabor?

Me encantó esta historia... es tremendamente hermosa.

¡Así es como será cualquier persona inteligente! De modo que no hay
nada de lo que preocuparse; no te lo tomes en serio. Es bueno, está perfectamente bien sentirse harto. Las personas que no se sienten hartas
de sí mismas están en una mala situación; están en peligro, nunca cam-
biarán. No sienten la necesidad de cambiar. Seguirán dando vueltas en
la rueda; son personas mecánicas.

Este es el primer rayo de consciencia en ti: que te sientes harto.

¿Quién es el que se siente harto? Esta consciencia eres tú; este es el
primer rayo de consciencia. De manera que toda la forma en que has vivido hasta ahora y todo lo que has hecho hasta ahora no tiene sentido.

Ahora, lo segundo... Surge el problema de que ahora lo externo casi
está acabado: ¿cómo ir hacia dentro? Si empiezas a esforzarte por ir hacia dentro, no será dentro. Si tratas de hacer un esfuerzo por ir hacia
dentro, no será dentro, porque todo lo que hacemos con esfuerzo conduce hacia fuera, nos lleva fuera; todo lo hecho con esfuerzo va hacia
fuera.

Ir hacia dentro significa relajarse, soltarse; no hay otra manera. Cuando te relajas vas hacia dentro, cuando empiezas a hacer algo vas hacia fuera. Hacer significa ir hacia fuera, no hacer significa ir hacia dentro. Por eso es arduo. Si hubiese algo que hacer, te habría dicho: «Haz esto y estarás dentro de ti». No es cuestión de hacer. Tendrás que aprender a tener paciencia, tendrás que aprender a tener una paciencia infinita.

Y empieza a simplemente estar sentado. Cada vez que tengas tiempo, siéntate en silencio con los ojos cerrados, sin hacer nada. ¿Estás harto de lo externo? Poco a poco, los sueños de lo externo desaparecerán porque no hay necesidad de que los sueños continúen.

No pensarás en comida; si piensas en comida, entonces ten muy claro que no estás harto. Si piensas en mujeres, ten muy claro que no estás harto. Tus sueños te mostrarán si estás realmente harto o si todavía persiste algún interés. Si persiste algún interés, entonces conclúyelo también; no hay nada de malo en ello. Si realmente estás harto, poco a poco empezarás a sentir que la energía va hacia dentro por sí misma. Tú no estás haciendo nada, simplemente estás sentado y la energía va hacia dentro, cae hacia dentro.

Y mediante ese recogimiento, irás centrándote. Mediante ese recogimiento, surgirán nuevos intereses, un nuevo entusiasmo, un nuevo estilo, una nueva manera de vivir. No puedes cultivarlo; todo lo que puedas cultivar será solo una repetición de lo viejo... quizá un poco modificado aquí y allá, pero eso no significará nada. Así que empieza a sentarte pasivamente y a hacer más meditaciones pasivas.

En mi trabajo siempre tengo miedo de perder la seguridad en mí mismo.

En realidad, no necesitamos tanta seguridad como pensamos.

La seguridad puede ser una gran cualidad o puede ser un obstáculo para algunos. Por ejemplo, los tontos siempre tienen más seguridad en sí mismos que los inteligentes. La estupidez da una cierta seguridad.

Los tontos son más obstinados, y como están ciegos, como no ven, se precipitan a todas partes... incluso a donde los ángeles tienen miedo de pisar.

Una persona que es inteligente está abocada a tener alguna pequeña duda. La inteligencia es vacilante. Eso muestra simplemente que hay millones de posibilidades, millones de alternativas, y hay que elegir. Toda elección es arbitraria, de modo que tendrá que haber siempre una cierta falta de seguridad. Cuanto más inteligente seas, más la sentirás.

De manera que no toda la seguridad es buena. El noventa y nueve por ciento de la seguridad es tonta. Solo el uno por ciento es buena, y ese uno por ciento nunca es absoluto. Ese uno por ciento siempre es vacilante, porque hay realmente muchísimas alternativas. Estás siempre en una encrucijada, sin saber qué carretera será realmente la buena. ¿Cómo vas a poder estar seguro? ¿Por qué esperas estar seguro?

Todos los caminos parecen casi el mismo, pero hay que elegir. Es la elección de un jugador de apuestas. Pero así es la vida... y es bueno que sea así. Si todo estuviera claramente delineado, planificado de antemano, prefabricado, y simplemente te dieran instrucciones —«Ve hacia la derecha y hacia la izquierda, y haz esto y lo otro»— habría seguridad, pero ¿para qué serviría? Se perdería la emoción. Entonces no habría luz en la vida. Sería una rutina muerta.

La vida es siempre emocionante porque cada paso te lleva a otra encrucijada... de nuevo muchos caminos, tienes que elegir otra vez. Empiezas a temblar. ¿Será correcta o incorrecta la elección? ¿Cómo estar seguro acertadamente entonces? Estar acertadamente seguro es pensar en todas las alternativas, y la que sientas que es un poco mejor que las demás...

No pidas el bien absoluto y el mal absoluto. En la vida no hay nada así. Es solo un porcentaje; una es un poco mejor que la otra, eso es todo. La vida no está dividida como dos polaridades en lo bueno y lo malo. Hay mil y una situaciones entre lo bueno y lo malo. De manera que mira a tu alrededor objetivamente, en silencio, con sensibilidad, ve todas las posibilidades, sin preocuparte, y la que te parezca un poco mejor que las demás, sigue por ella. Una vez que decidas hacerlo, olvídate de las demás alternativas, porque ya no importan. Entonces avanza con seguridad.

Esta es la confianza realmente inteligente. No destruye completamente la duda. Usa la duda. No destruye las alternativas. Las alternativas existen. Reflexiona y concibe conscientemente todas las alternativas, tan en calma como es humanamente posible. La inteligencia nunca exige nada inhumano.

Hay muchos caminos. Muchos van a la derecha; piensan que es mejor. Tú sientes aún que es mejor ir a la izquierda, así es que, por supuesto, habrá vacilación, porque sabes que muchas personas inteligentes están yendo en la dirección contraria. ¿Cómo vas a estar seguro? Estás solo aquí. Muchas personas inteligentes van por aquel camino y, sin embargo, tú sientes que este es el apropiado para ti. Mantente en la encrucijada, piensa, medita, pero una vez que decidas, entonces olvida todas las demás alternativas; avanza. Una vez que decidas avanzar, toda tu energía es necesaria en ese paso. No estés dividido y no dejes que la mitad de tu mente piense en alternativas. Así es como hay que usar la vacilación.

Y no hay ninguna certeza de que tengas que estar en lo correcto. No estoy diciendo eso. No hay ninguna manera de tener certeza. Puede que te equivoques, pero no hay forma de saberlo a menos que sigas por el camino hasta el final mismo, hasta el fin.

Pero mi parecer es que habría que pensar correctamente. Ese pensar mismo te hace crecer. Avanzas por el camino, es irrelevante que sea correcto o equivocado. El movimiento mismo te hace crecer. Para mí, no se trata de adónde vas. Para mí, lo más importante es que no estás estancado, sino moviéndote.

Incluso si este camino llega a un callejón sin salida y no conduce a ninguna parte y tienes que volver, no hay nada de lo que preocuparse. Es bueno que hayas ido. El movimiento mismo te ha dado mucha experiencia. Has conocido un camino equivocado. Ahora conoces lo erróneo mejor que antes. Ahora sabes qué es falso; eso te ayudará a descubrir la verdad.

Conocer lo falso como falso es una gran experiencia, porque es la única forma en la que uno llega poco a poco a saber qué es la verdad. Para conocer la verdad como verdad, el camino pasa por la experiencia de conocer lo falso como falso. Y hay que pasar por muchos caminos erróneos antes de llegar al correcto.

De manera que, para mí, incluso si vas hacia el infierno, te bendigo, porque no hay otra forma de conocer el infierno. Y si no conoces el infierno, nunca podrás saber qué es el cielo. Entra en la oscuridad, porque ese es el camino para conocer la luz. Entra en la muerte, porque ese el camino para conocer la vida.

Lo único que es importante es no estar estancado en alguna parte. No te quedes parado en la encrucijada, dudando, sin ir a ninguna parte. No conviertas la vacilación en un hábito.

Úsala; es un buen ardid. Piensa en todas las alternativas. No estoy diciendo que no pienses, que no vaciles en absoluto, que avances como un idiota con los ojos cerrados, con los ojos vendados, para que no haya ningún problema y no sepas que existen otros caminos. Esa es la razón por la que las personas estúpidas tienen más seguridad, pero han hecho mucho daño en el mundo. El mundo sería mejor si hubiese menos gente segura.

Observa a los Adolf Hitler: están muy seguros. Piensan que Dios les ha dado la gran tarea de cambiar el mundo entero. Son personas estúpidas, pero muy seguras. Ni siquiera Buda está tan seguro como Adolf Hitler, porque Buda no es estúpido; comprende la complejidad de la vida. Esta no es tan simple como piensa Hitler, pero él simplemente se precipita y la gente le sigue.

¿Por qué tanta gente sigue a políticos tan estúpidos? ¿Por qué tanta gente continúa siguiendo a los políticos? ¿Qué sucede? Raramente sucede que un político sea inteligente, porque si es inteligente no será político. La inteligencia nunca elige algo tan estúpido. Pero ¿por qué les sigue tanta gente?

La razón es que la gente no tiene mucha seguridad en sí misma. No saben dónde ir, de manera que simplemente esperan a algún mesías, alguien que les diga que este es el camino correcto, y que se lo diga con tanta seguridad, con tanta seguridad obsesiva, que sus miedos se disipen. De modo que dicen: «Sí, aquí está el líder. Ahora le seguiremos. Aquí viene el hombre adecuado, ¡tan seguro de sí mismo!».

De manera que la seguridad no es siempre una virtud.

La inteligencia siempre es una virtud. Así que haz hincapié en la inteligencia. A veces te hará estar muy vacilante, nervioso. Tiene que ser así, es natural. La vida es tan compleja y uno está entrando continuamente en lo desconocido. ¿Cómo vas a poder estar seguro? La exigencia misma es absurda.

Conque haz de la inteligencia tu objetivo, y entonces la vacilación, el nerviosismo, todo, se puede usar de una manera creativa.

Me doy cuenta de que mi mente aún es infantil. ¿Qué puedo hacer?

Hay cosas de las que uno simplemente tiene que ser consciente. La consciencia misma trae consigo la transformación; no es que tras ser consciente tengas que hacer algo para producir el cambio.

Al ver que tu mente es infantil, puedes ver también que tú no eres la mente; de lo contrario, ¿quién está viendo que la mente es infantil? Hay algo más allá de la mente: el observador desde la colina.

Solo estás mirando la mente. Te has olvidado completamente de quién está mirándola. Observa la mente, pero no te olvides del observador, porque tu realidad se centra en el observador, no en la mente. Y el observador siempre es una consciencia completamente adulta, madura, centrada. No necesita crecer.

Y una vez que tomas consciencia de que la mente es tan solo un instrumento en manos de tu alma observadora, entonces no hay problema; la mente puede usarse de la manera adecuada. Ahora el amo está despierto, y se puede ordenar al sirviente que haga todo lo que sea necesario.

Normalmente, el amo está dormido. Nos hemos olvidado del observador, y el sirviente se ha convertido en el amo. Y el sirviente es un sirviente; desde luego, no es muy inteligente.

Hay que recordarte un hecho básico: la inteligencia pertenece a la consciencia observadora; la memoria pertenece a la mente.

La memoria es una cosa; la memoria no es la inteligencia. Pero toda la humanidad ha sido engañada durante siglos diciéndole indirectamente que la memoria es la inteligencia. Vuestras escuelas, vuestros colegios, vuestras universidades, no tratan de encontrar vuestra inteligencia; tratan de descubrir quién es capaz de memorizar más.

Y ahora sabemos perfectamente bien que la memoria es algo mecánico. Un ordenador puede tener memoria, pero un ordenador no puede tener inteligencia. Y un ordenador puede tener una memoria mejor que la tuya. La memoria del hombre no es tan fiable. Puede olvidar, puede enmarañarse, puede bloquearse. A veces dices: «Lo recuerdo, lo tengo en la punta de la lengua». Extraño; lo tienes en la punta de la lengua... entonces ¿por qué no lo dices?

Pero dices que no te viene, «lo tengo en la punta de la lengua... Sé que lo sé, y no está lejos; está muy cerca». Pero, sin embargo, algún bloqueo, algún bloqueo muy fino —puede que solo sea una cortina— no deja que emerja. Y cuanto más lo intentas, cuanto más te tensas, menor es la posibilidad de que lo recuerdes. Por fin, te olvidas de todo ello, empiezas a hacer otra cosa —prepararte una taza de té o cavar un agujero en el jardín— y, de pronto, está ahí, porque estabas relajado, te habías olvidado completamente de ello, no había tensión. Emergió.

Una mente tensa se vuelve estrecha. Una mente relajada se vuelve ancha: pueden pasar por ella muchas más memorias. Una mente tensa se vuelve tan estrecha que solo pueden pasar por ella muy pocas memorias.

Pero durante miles de años ha persistido un malentendido, y aún persiste, como si la memoria fuese la inteligencia. No lo es.

En la India —como en Arabia, China, Grecia, Roma, en todos los viejos países— todas las lenguas antiguas dependen de la memoria, no de la inteligencia. Puedes convertirte en un gran erudito en sánscrito sin tener ni un poco de inteligencia; la inteligencia no es necesaria, solo tu memoria tiene que ser perfecta. Igual que un loro... el loro no comprende lo que está diciendo, pero puede decirlo con absoluta corrección, con la pronunciación adecuada. Puedes enseñarle todo lo que quieras. Todas las lenguas antiguas dependen de la memoria.

Y todo el sistema educativo del mundo depende de la memoria. En los exámenes, no preguntan al estudiante algo que demostrará su inteligencia, sino algo que demostrará su memoria, cuánto recuerda de los libros de texto. Esta es una de las razones de que tengas la mente retrasada. Has usado la memoria como si fuera tu inteligencia; un malentendido tremendamente grave. Porque conoces y recuerdas y puedes citar las escrituras, empiezas a pensar que eres un adulto, que eres maduro, que eres culto, que eres sabio.

Este es el problema que estás sintiendo.

Yo no soy un hombre de memoria. Y mi esfuerzo aquí se encamina a provocar un desafío en ti, para que empieces a ir hacia tu inteligencia.

Es inútil cuánto recuerdas. Lo crucial es cuánto has experimentado tú mismo. Y para experimentar el mundo interno, necesitas una gran inteligencia; la memoria no sirve para nada. Sí, si quieres ser un erudito, un profesor, un experto, puedes memorizar las escrituras y puedes estar muy orgulloso de saber tanto. Y otros pensarán también que sabes mucho, y en el fondo tu memoria no es más que ignorancia.

Delante de mí, no puedes ocultar tu ignorancia. De todas las maneras posibles, trato de poner ante ti tu ignorancia, porque cuanto antes asumes tu ignorancia, antes puedes deshacerte de ella. Y saber es una experiencia tan bella, que, en comparación, los conocimientos prestados son simplemente tontos.

He oído algo sobre el arzobispo de Japón. Quería convertir al cristianismo a un maestro zen. Sin saber, sin comprender nada del mundo interno, fue a ver al maestro. Fue recibido con gran amor y respeto.

Abrió su Biblia y empezó a leer el Sermón de la Montaña. Quería impresionar al maestro zen:

—Seguimos a este hombre. ¿Qué piensas de estas palabras, de este hombre?

Cuando solo había leído dos frases, el maestro zen dijo:

—Ya vale. Estás siguiendo a un hombre bueno, pero él seguía a otros hombres buenos. Ni tú ni él sabéis. Vete a casa.

El arzobispo estaba consternado.

—Al menos, deberías dejarme que termine la lectura —protestó.

—Aquí, ninguna tontería. Si sabes algo, dilo. ¡Cierra el libro!, porque no creemos en libros. Llevas la verdad misma en tu ser... ¿Y estás buscando en libros muertos? Vete a casa y mira dentro de ti. Si has encontrado algo dentro, entonces ven. Si piensas que estas líneas que me has repetido son de Jesucristo, cometes un error.

Jesucristo simplemente repetía el Antiguo Testamento. Se pasó toda la vida tratando de convencer a la gente: «Soy el último profeta de los judíos». Nunca había oído la palabra «cristiano», nunca había oído la palabra «Cristo». Había nacido judío, vivió como judío, murió como judío. Y todo su esfuerzo se encaminó a convencer a los judíos de que era el profeta esperado, el salvador que Moisés había prometido.

Los judíos podrían haberle perdonado. Los judíos no son mala gente. Y los judíos no son tampoco un pueblo violento. Nadie tan inteligente como los judíos puede ser violento. El cuarenta por ciento de los premios Nobel va a los judíos; esto es totalmente desproporcionado con su población. Casi la mitad de los premios Nobel va a los judíos, y la otra mitad al resto del mundo. Un pueblo tan inteligente no habría crucificado a Jesús si este hubiese ido diciendo algo de su propia experiencia. Pero decía cosas que no eran su experiencia... todas prestadas. Sin embargo, pretendía que eran suyas. Los judíos no pudieron perdonar esa deshonestidad.

Por lo demás, Jesús no estaba creando ningún problema para nadie. Era un poco molesto. Igual que los Testigos de Jehová o los Hare Krisna; son un poco molestos. Si te agarran, no te escucharán en absoluto y no pararán de darte todo tipo de sapiencias, de consejos... y tú no estás interesado; intentas ir a hacer alguna otra cosa, quieres que te dejen en paz. Pero están empeñados en salvarte. No importa si quieres que te salven o no; tienen que salvarte.

Sucedió una vez que yo estaba sentado junto al Ganges en Allahabad, y era justo cuando se estaba poniendo el sol. Un hombre empezó a gritar desde el agua: «¡Salvadme! ¡Salvadme!». No estoy interesado en salvar a nadie. Así que miré por todos lados... Si alguien está interesado en salvarle, que tenga la primera oportunidad. Pero no había nadie, así es que al final tuve que tirarme al agua.

Y con dificultad... era un hombre pesado, gordo. Los hombres más gordos de India los encontrarás en Allahabad y Varanasi: los brahmanes, los sacerdotes hindúes, que no hacen nada más que comer. De alguna manera, lo saqué. Y se enfadó:

—¿Por qué me has sacado?

—¡Esto es el colmo! —le dije—. Estabas pidiendo ayuda, estabas gritando: «¡Salvadme!».

—Era porque me estaba asustando de la muerte. Pero en realidad me estaba suicidando.

—Lo siento, no tenía ni idea de estabas suicidándote.

¡Volví a tirarle al agua! Y él empezó a gritar de nuevo: «¡Ayuda!».

—Ahora espera a que venga algún otro. Yo voy a sentarme aquí a mirar cómo te suicidas —le dije.

—¿Qué tipo de hombre eres? ¡Me estoy muriendo!

—¡Muérete! ¡Eso es asunto tuyo!

Pero hay gente que está empeñada en salvarte.

El maestro zen le dijo al arzobispo: «Jesús estaba repitiendo a los viejos profetas. Tú estás repitiendo a Jesús. La repetición no va a ayudar a nadie. Necesitas tu propia experiencia: esa es la única salvación, la única liberación».

Es bueno que estés empezando a comprender que tu mente se comporta como un niño inmaduro. Recuerda también quién está observando a la mente infantil, inmadura, y únete al observador. Separa todos tus apegos de la mente —porque la mente es solo un mecanismo— y la mente empezará a funcionar perfectamente bien. Una vez que tu observador está alerta, tu inteligencia empieza a crecer por primera vez.

La labor de la mente es la memoria, que la mente puede hacer muy bien. Pero la sociedad le ha hecho a la mente cargar con la inteligencia, que no es su labor. Ha incapacitado a su memoria. No te ha hecho más inteligente, simplemente ha hecho que tu memoria sea errónea, falible.

Recuerda siempre: tus ojos son para ver, no trates de oír con los ojos. Tus oídos son para oír, no intentes ver con los oídos. De lo contrario, caerás en un estado de demencia. Aunque tus ojos están perfectamente bien y tus oídos están perfectamente bien, estás intentando hacer algo con un mecanismo al que no le compete hacerlo.

Si el observador tiene claridad, entonces el cuerpo se encarga de sus propias funciones, la mente se encarga de sus propias funciones, el corazón se encarga de sus propias funciones. Nadie interfiere en la labor de los demás.

Y la vida se vuelve una armonía, una orquestra.

A veces me siento aturdido, como si estuviera perdiendo la memoria.

La memoria un día tiene que irse completamente. Si está desapareciendo, es una buena señal. Estar limpio de memoria significa estar limpio de pasado, y estar limpio de pasado es estar absolutamente abierto y disponible al futuro. La memoria no es del futuro, la memoria es del pasado; es siempre un cementerio. Y el futuro pertenece a la vida, a la inteligencia, al silencio, al estado de meditación. No pertenece a la memoria.

Una vez que un hombre se ilumina, no opera por medio de la memoria, opera espontáneamente. E incluso en el camino hacia la iluminación, lentamente la espontaneidad va reemplazando a la memoria. La memoria es el modo del hombre no iluminado. Alguien que no puede responder a la realidad inmediatamente necesita un sistema de memoria para poder recordar viejas respuestas, viejas situaciones... lo que ha hecho antes. Pero entonces su respuesta ya no es una respuesta, se vuelve una reacción. Y todas las reacciones se quedan cortas ante la situación que tienes ante ti, porque la situación está cambiando continuamente, y las respuestas que hay en tu memoria no cambian. Son solo mercancías muertas, permanecen igual.

Por eso, cuando una persona se hace vieja, encuentra que está perdiendo el contacto con la nueva generación que está creciendo. La culpa no es de la nueva generación, la culpa es del anciano que no tiene más que memoria, y la memoria pertenece al pasado y el pasado ya no existe. La nueva generación es más receptiva al presente; eso crea la distancia. La vieja generación siempre quiere viejas respuestas, viejas escrituras, viejos santos; cuanto más viejos son, más verdaderos.

Toda religión trata de demostrar que sus escrituras son las más antiguas. Es extraño que quieran demostrar eso. Y glorifican su ancianidad. En realidad, cuanto más antiguas son, más inservibles son, porque han perdido el contacto con la realidad completamente. El hombre de consciencia y sabiduría, vivo, siempre responde a la situación. De lo contrario, todas las respuestas se quedan cortas y la vida se vuelve cada vez más un lío.

De modo que no hay necesidad de preocuparse por ello, si estás perdiendo la memoria y ves que no sientes ninguna explosión paralela de inteligencia. No la sentirás. La inteligencia es tan sutil que no oirás el sonido de sus pasos. Pero poco a poco, transformará todo tu ser, y entonces, de pronto, cuando la tarea esté completa, despertarás de un profundo sueño y te verás como un nuevo ser, renacido.

Si empiezas a volverte más agudo, más inteligente, ¿de dónde crees que obtendrás la energía? La energía que se implicaba y se invertía en los recuerdos tiene que ser retirada, y no hay nada de malo en ello. En el mercado corriente, quizá, no tener buena memoria puede ser peligroso. Pero si observas a los genios del mundo, te sorprenderá que uno de los puntos comunes entre todos esos genios son sus fallos de memoria.

Edison va a dar una gira de conferencias por varias universidades. Está despidiéndose de su mujer y la criada también está presente. Besa a la criada, pensando que su mujer, y hace un gesto de adiós a su esposa, pensando que es la criada. El conductor del coche que le va a llevar no puede creer lo que está sucediendo; le comenta:

—Señor, se ha olvidado, se ha liado. La mujer a la que está diciendo adiós con la mano es su esposa, y la otra mujer es su criada.

—Dios mío —dijo Edison—. No he hecho nada irreparable; puedo salir del coche y arreglarlo. —Besó a su mujer, hizo un gesto de adiós a la criada y dijo—: Me pasa a menudo que me olvido de cosas muy esenciales.

Una vez, George Bernard Shaw iba viajando en un tren. Llegó el revisor y George Bernard Shaw miró por todas partes, casi sintió que le daba un ataque de nervios, porque el billete no aparecía. Pero el revisor le dijo:

—No se preocupe, señor. Le conozco, todo el mundo le conoce. El billete debe de estar en alguna parte en su equipaje, y volveré en la ronda siguiente, me lo podrá mostrar; e incluso si no me lo muestra, no tiene que preocuparse. —No estaba listo para oír lo que Bernard Shaw le dijo:

—Cállese. No comprende mi problema. ¿A quién le importa usted? El problema es que si no encuentro mi billete, entonces no sé dónde voy. Está escrito en el billete. De modo que ¿va usted a decidir por mí? Tengo un problema enorme, he de encontrar el billete.

El revisor se debió quedar estupefacto; era una situación extraña. A Shaw no le preocupaba que le pillaran sin billete, su preocupación era mucho más profunda. Ahora la cuestión era ¿adónde iba? Y como no pudo encontrar el billete, tuvo que volver a casa en el siguiente tren. No pudo traer a la memoria el lugar al que iba.

Pero, por lo general, lo necesario cada momento es la inteligencia, no la memoria. Mi propio entendimiento es que si queremos hacer que la humanidad sea más consciente, más alerta, más iluminada, entonces hay que quitar el énfasis puesto en la memoria, hay que poner el énfasis en la inteligencia.

Pero para las universidades, para los profesores, para los pedagogos, el énfasis en la memoria es más sencillo. Haces cinco preguntas y, si la persona puede memorizar los libros, puede responderlas.

Mi propio profesor estaba muy preocupado —porque me quería mucho— porque yo nunca me preocupaba por los libros recomendados. Y él estaba muy inquieto:

—A menos que contestes exactamente lo que está escrito en los libros, nos producirá a todos una gran conmoción. Tienes capacidad para ser el mejor de toda la universidad, pero de la manera en que te estás portando ni siquiera puedes aprobar.

—No se preocupe —le dije. Pero él estaba tan inquieto que solía venir por la mañana temprano a recogerme en el hostal para llevarme a la sala de los exámenes. No estaba seguro de que yo fuera a ir o no, si me acordaría o no. Y se quedaba allí hasta que yo hubiese entrado, y entonces le decía a cada examinador:

—Observe a este estudiante, no le deje salir de la sala hasta que hayan pasado las tres horas, porque puede que conteste en una hora y se vaya. Oblíguele a estar aquí las tres horas, no importa que haya respondido o no.

—Esto es extraño... —le decía. Pero los examinadores le escuchaban porque era también el decano de la Facultad de Filosofía y Letras.

Todos mis profesores, mis rectores, todo el mundo se quedó sorprendido cuando resulté ser el número uno de la universidad y obtuve la medalla de oro. Nadie lo esperaba. Pero una coincidencia... uno de los profesores más famosos de la Universidad de Allahabad, el profesor Ranade... Era bien sabido que en toda su vida solo había dado un diez a dos personas. Esos dos eran el mínimo raso. Por lo demás era muy difícil incluso sacar un aprobado con él. Y no solo era considerado un profesor, sino un sabio. Había escrito libros estupendos con gran entendimiento, no cabía ninguna duda acerca de su discernimiento intelectual. Solo por casualidad, mis exámenes cayeron en sus manos. Y escribió una nota, que el rector me enseñó porque el profesor Ranade había escrito: «Debe enseñar esta nota al estudiante». Decía:

«Eres la única persona en toda mi vida que ha satisfecho mi deseo. Siempre he odiado las respuestas memorizadas; tus respuestas son frescas y cortas, concisas. No eres un hombre de memoria. Quería darte un diez, pero puede que eso parezca un poco sospechoso, que quizá te tengo enchufe, por eso te estoy dando un nueve con nueve. Pero si en cualquier momento aciertas a venir a Allahabad, me encantaría conocerte. Te he estado esperando durante toda mi carrera como profesor. He deseado este tipo de respuestas. He deseado este valor; en vez de responder la pregunta, cuestionaste la pregunta, y echaste por tierra completamente la pregunta. No la has respondido porque no hay nada que responder, la pregunta es absurda. Y cuando respondes una pregunta, la contestas sin rodeos. No quiero leer largas respuestas, que son todas repetitivas. Todos los demás las escriben, nadie está usando su inteligencia.»

Él era consciente del hecho de que la memoria es solo mecánica; la inteligencia es tu verdadero tesoro. Y ahora esto se ha convertido en un hecho absoluto. En el futuro, la memoria no se usará en absoluto, porque puedes llevar un pequeño ordenador en el bolsillo con todas las respuestas a todas las preguntas que se pueden hacer. Incluso preguntas absurdas... por ejemplo, qué día se casó Sócrates. O quién fue el primer hombre que usó el arco y la flecha. Todo puede estar disponible. Puedes obtener cualquier respuesta del ordenador.

Y los ordenadores pueden ser tan pequeños que los puedes tener en el bolsillo. Pueden ser tan pequeños que puedes hacer un reloj de pulsera con ellos. Por fuera parecerá como un reloj de pulsera, pero dentro lleva todas las respuestas que necesitas. Simplemente haz la pregunta y aparece la respuesta.

No tienes que preocuparte por la memoria. Lo esencial es la inteligencia. Y toda la energía debería dirigirse a la inteligencia. Te hará muy ligero. Y para lo referente a la memoria, usa una libreta de apuntes. Simplemente anota todo lo esencial, lo fundamental. Entonces no se produce ninguna pérdida. Las perdidas de por sí nunca suceden.

Un día, Paddy, Sean y Mick estaban de caza en el campo cuando descubrieron unas huellas. Tras observarlas con atención, Paddy dijo:

—Esto son huellas de oso.

—No, no —dijo Sean—, son huellas de ciervo.

—Eh, Mick —preguntaron los dos—, ¿qué crees que son?

Pero antes de que pudiera responder, los tres fueron atropellados por un tren.*

La inteligencia va a ser el salvador, no la memoria.

---

* En la traducción se pierde el doble sentido del chiste: los cazadores encuentran *tracks*, que quiere decir «huellas», pero también puede usarse en el sentido de *railroad tracks*, que significa «vías del tren». (*N. del T.*)

¿Cómo pueden comportarse más inteligentemente los amantes?

Cuando has entrado en una relación profunda con alguien, surge una gran necesidad de estar solo. Empiezas a sentirte agotado, exhausto, cansado... alegremente cansado, felizmente cansado, pero toda excitación es agotadora. Fue tremendamente hermoso relacionarse, pero ahora te gustaría estar en soledad, para poder serenarte de nuevo, para poder volver a estar rebosante, para volver a estar enraizado en tu propio ser.

En el amor entraste en el ser del otro, perdiste contacto contigo mismo. Te sumergiste, te embriagaste. Ahora necesitarás volver a encontrarte a ti mismo. Pero cuando estás solo, estás creando otra vez la necesidad de amor. Pronto estarás tan lleno que te gustaría compartir, estarás tan desbordante que te gustaría estar con alguien en quien verterte, a quien darte. El amor surge de la soledad.

La soledad hace que estés repleto. El amor recibe tus dones. El amor te vacía para que puedas volver a llenarte. Siempre que el amor te vacía, está la soledad para nutrirte, para integrarte. Y esto es un ritmo.

Haz que tu mujer o tu hombre caiga en la cuenta del ritmo. Se debería enseñar a la gente que nadie puede amar las veinticuatro horas del día; son necesarios períodos de descanso. Y nadie puede amar por encargo. El amor es un fenómeno espontáneo: cuando sucede, sucede, y cuando no sucede, no sucede. No se puede hacer nada al respecto. Si HACES algo, crearás un fenómeno falso, un fingimiento.

Los amantes verdaderos, los amantes inteligentes, se harán dar cuenta mutuamente de este fenómeno: «Cuando quiero estar solo, eso no significa que te esté rechazando. De hecho, es gracias a tu amor que has hecho posible que esté solo». Y si tu mujer quiere estar sola una noche, unos días, no te sentirás herido. No dirás que te ha rechazado, que tu amor no ha sido recibido y bienvenido. Respetarás su decisión de estar sola por unos días. De hecho, ¡te sentirás feliz! Era tanto tu amor que se siente vacía; ahora necesita descansar para volver a llenarse.

Esto es inteligencia.

Normalmente, piensas que te rechazan. Vas a tu mujer, y si ella no tiene ganas de estar contigo, o no está muy amorosa contigo, sientes un gran rechazo. Tu ego está herido. Este ego no es algo muy inteligente. Todos los egos son tontos. La inteligencia desconoce el ego; la inteligencia simplemente ve el fenómeno, trata de comprender por qué la mujer no quiere estar contigo. No es que te esté rechazando —sabes que te ha amado tanto, te ama tanto— pero en este momento quiere estar sola. Y si la amas, la dejarás sola; no la torturarás, no la obligarás a hacer el amor contigo.

Y si el hombre quiere estar solo, la mujer no pensará: «Ya no está interesado en mí; quizá está interesado en alguna otra mujer». Una mujer inteligente dejará al hombre solo, para que pueda volver a serenarse, para que vuelva a tener energía que compartir. Y este ritmo es como el día y la noche, el verano y el invierno; va cambiando.

Y si dos personas son realmente respetuosas —y el amor siempre es respetuoso, reverencia al otro; es un estado muy deferente, lleno de ruego— entonces lentamente os entenderéis el uno al otro cada vez más. Y tomarás consciencia del ritmo del otro y de tu ritmo. Y pronto descubriréis que, debido al amor, debido al respeto, vuestros ritmos se van acercando cada vez más: cuando tú te sientes cariñoso, ella se siente cariñosa. Esto se asienta. Se asienta por sí mismo. Es una sincronía.

¿Lo has observado alguna vez? Si encuentras dos amantes verdaderos, verás muchas cosas similares en ellos. Los amantes verdaderos se vuelven como si fueran hermanos y hermanas. Te sorprenderá: ni siquiera los hermanos y hermanas son tan semejantes. Su expresión, su manera de andar, su manera de hablar, sus gestos... Dos amantes se vuelven semejantes y, sin embargo, muy diferentes. Esto empieza a suceder naturalmente. Simplemente estando juntos, poco a poco se armonizan el uno con el otro. Los amantes verdaderos no necesitan decirle muchas cosas al otro: el otro comprende inmediatamente, comprende intuitivamente.

Si la mujer está triste, puede que no lo diga, pero el hombre comprende y la deja sola. Si el hombre está triste, la mujer comprende y lo deja solo... encuentra alguna excusa para dejarlo solo. Las personas estúpidas hacen justo lo contrario: nunca se dejan solas la una a la otra;

están continuamente la una con la otra, sin dejarle nunca a la otro espacio para ser.

El amor da libertad y el amor ayuda al otro a ser él mismo o ella misma. El amor es un fenómeno muy paradójico. Por un lado, hace que seáis un alma en dos cuerpos; por otro, os da individualidad, unicidad. Os ayuda a dejar vuestros pequeños yos, pero también os ayuda a alcanzar el yo supremo. Entonces no hay problema: el amor y la meditación son dos alas, y se equilibran la una a la otra. Y entre ambas, tú creces.

A veces dudo de mi inteligencia...

No empieces a pensar que si no eres inteligente, ¿entonces, qué? Todo el mundo nace inteligente. La inteligencia es una cualidad intrínseca: del mismo modo que todo el mundo nace respirando, todo el mundo nace inteligente.

La idea de que algunas personas son inteligentes y algunas no lo son es absolutamente errónea —y ha ido deshumanizando a muchísimas personas—, es muy insultante, degradante. Todos nacen inteligentes, aunque sus inteligencias pueden diferir en su expresión. Uno es inteligente en la música, otro es inteligente en las matemáticas, pero si conviertes a las matemáticas en el criterio, entonces parece que el músico no es inteligente. Si los pones a ambos en un examen en el que las matemáticas son el criterio, el músico suspende. Cambia el criterio, haz que la música sea el criterio, y ponlos juntos en un examen en el que la música decidirá; entonces el matemático parece estúpido.

Hemos elegido ciertos criterios; por eso se ha condenado a mucha gente como estúpida; no lo es. Jamás he encontrado una sola persona que sea estúpida —no sucede— pero puede que su inteligencia sea un tipo diferente de inteligencia. La poesía requiere un tipo de inteligencia diferente que estar en los negocios. Un poeta no puede ser un hombre de negocios, y al hombre de negocios le resultará muy difícil ser poeta. Se necesita un tipo de inteligencia para ser político, otro tipo de inteligencia para ser pintor. Y hay millones de posibilidades.

Recuerda: todo el mundo nace inteligente, así que nadie está excluido. Simplemente tienes que encontrar tu inteligencia... dónde está. Y una vez que hayas encontrado tu inteligencia, tendrás claridad.

La gente vive sin claridad porque vive con ideas erróneas sobre sí misma. Alguien te ha dicho —un profesor, un catedrático, un jefe— que no eres inteligente. Pero su criterio es tan solo un criterio elegido; su criterio no es aplicable a todos. Las universidades todavía no son universales. No permiten todo tipo de inteligencia, no aceptan todas las manifestaciones de la inteligencia.

Una vez que hayas aceptado tu inteligencia y empieces a respetarla, tendrás claridad; entonces no habrá ningún problema.

El poeta se siente estúpido porque no puede ser un buen hombre de negocios. Esto crea confusión. Se vuelve inferior ante sí mismo, irrespetuoso, condenatorio. Intenta triunfar en los negocios, pero no puede. Esto crea una gran nube de humo a su alrededor. Si simplemente comprende que es un poeta y no le corresponde ser un hombre de negocios, y que triunfar como hombre de negocios será un suicidio para él, tiene que triunfar como poeta. Esa es su inteligencia, y su inteligencia tiene que florecer a su propia manera. No tiene que imitar a nadie. Quizá la sociedad no le pague por ello, porque la poesía no hace tanta falta como las bombas. El amor no hace tanta falta como el odio.

Es por eso que en las películas, en la radio, en la televisión, se permite el asesinato; no se considera obsceno. Pero hacer el amor sí se considera obsceno. Esta sociedad perdura por el odio, no por el amor. Si alguien asesina, está perfectamente bien. Si alguien te clava un puñal en el corazón y la sangre fluye como una fuente, está perfectamente bien. Pero si alguien te abraza, te besa, te ama, la sociedad tiene miedo.

Esto es extraño, que el amor sea obsceno y el asesinato no, que se condene a los amantes y se recompense a los soldados, que la guerra sea buena y el amor sea malo.

Si aceptas tu inteligencia, si te aceptas a ti mismo, tendrás claridad, absoluta claridad; todas las nubes desaparecerán.

¿Cómo puedo apoyar el crecimiento de mi propia inteligencia?

Primero vuélvete cada vez más alerta en las cosas pequeñas. Andando por la calle, vuélvete más alerta, trata de estar más alerta. Para un proceso tan simple como andar por la calle... no necesitas estar nada alerta. Puedes permanecer estúpido y andar bien. Eso es lo que todo el mundo está haciendo. La estupidez no te entorpece en absoluto. Empieza con cosas pequeñas. Al tomar un baño, estate alerta; bajo la ducha, estate muy alerta. El agua fría cayendo sobre ti, el cuerpo disfrutándola... ponte alerta, toma consciencia de lo que está sucediendo, estate relajado y, a la vez, consciente.

Y este momento de consciencia hay que conseguirlo una y otra vez, de mil y una maneras: comiendo, hablando, estando con un amigo, escuchándome, meditando, haciendo el amor. En todas las situaciones, trata de estar cada vez más alerta. Es duro, es ciertamente difícil, pero no es imposible. Lenta, lentamente, el polvo desaparecerá y tu consciencia espejada saldrá a la luz; te volverás más inteligente.

Entonces, vive inteligentemente. Vives de una manera tan confusa, de una manera tan estúpida, que si ves a otra persona viviendo así dirás inmediatamente que es estúpida. Pero tú estás haciendo lo mismo, aunque de algún modo uno se las arregla para no mirar su propia vida.

Un hombre vino a verme y me dijo: «¿Qué debo hacer, Osho? Me he enamorado de dos mujeres». Pero una es suficiente, una hará suficiente daño, pero él se ha enamorado de dos mujeres. De manera que las dos están luchando y él está aplastado. Y dice: «Estoy sufriendo. Las dos están luchando por mí». ¡Y, naturalmente, está recibiendo golpes de las dos partes! Y si le digo: «Elige a una», él dice que es difícil. Esto significa que una persona está cabalgando sobre dos caballos. Dice que es difícil elegir a una. Entonces déjalo, haz lo que quieras. Destrozarás tu vida. Elegir a dos mujeres o a dos hombres como objetos de tu amor te dividirá. Empezarás a trastornarte.

Esto es estúpido. Es tan sencillo analizar el fenómeno. Quizá a veces sea difícil —*es* difícil— pero también entonces hay que elegir. No puedes ir en todas las direcciones simultáneamente.

Si examinas tu vida verás lo poco inteligentemente que te has estado comportando. Lees un libro y acumulas conocimientos y empiezas a pensar que sabes. Has aprendido la palabra *Dios* y piensas que has conocido a Dios. Estás dispuesto a discutir; no solo a discutir, estás dispuesto a matar y a que te maten. ¡Cuántos musulmanes, cuántos hindúes, cuántos cristianos han sido matados por algo que tan solo han leído en un libro! Personas tremendamente estúpidas. Uno lucha por el Corán, otro lucha por el Gita, otro lucha por la Biblia... ¡por libros estás luchando y matando a gente viva y sacrificando tu vida, tan tremendamente valiosa! ¿Qué estás haciendo?

Pero el hombre se ha comportado de modos estúpidos. El hecho de que todos los demás se comporten del mismo modo no lo convierte en inteligente. Si todos son tontos, seguirles no te hace inteligente.

He oído que:
Una bandada de aves volaba por el cielo y un pájaro le preguntó a otro:
—¿Por qué seguimos siempre a este líder estúpido?
Y el otro dijo:
—No lo sé. He oído que solo él tiene el mapa.

¡El mapa! Nadie tiene el mapa. Pero estás siguiendo al Papa, al Shankaracharya, al experto, al político, y piensas que tienen el mapa, piensas que saben. Observa sus vidas: ¿qué es lo que saben? Puede que incluso sean mucho más estúpidos que tú. Observa el modo tan poco inteligente en que viven. Observa su vida. ¿Son felices? ¿Hay alguna danza en su vida? ¿Hay fragancia en su vida? ¿Sientes con solo mirarlos que se irradia un silencio sobre ti? Nada por el estilo. El mero hecho de que tengan un libro y lo hayan leído y estudiado durante años no hace que tenga sentido seguirlos.

Vuélvete una persona que sabe, no una persona que tiene conocimientos. Entonces vive inteligentemente.

Para mí, la inteligencia es la moralidad básica, la virtud básica. Si eres inteligente, no harás daño a nadie, porque eso es estúpido. Si eres inteligente, no te harás daño a ti mismo, porque eso es estúpido. La vida es tan valiosa, no hay que desperdiciarla; hay que vivirla en celebración profunda, con profunda gratitud.

Y hay que tener mucho cuidado y estar muy atento, porque un momento que se va se ha ido para siempre. Y si lo desperdicias estúpidamente, estás desperdiciando una gran oportunidad. Vive cada momento tan totalmente, tan absolutamente consciente, que después nunca tengas que arrepentirte de no haberlo vivido, de que podías haber vivido más, de que podías haber disfrutado más. Eso es la inteligencia: vivir la vida tan totalmente que no haya ningún arrepentimiento, nunca. Uno esta siempre contento. Uno sabe que ha vivido al máximo.

Epílogo

VOLVER A DESCUBRIR LA INTELIGENCIA MEDIANTE LA MEDITACIÓN

HAY UN INTERRUPTOR EN LA MENTE. El interruptor se llama observación, consciencia, ser testigo. Si empiezas a observar la mente, esta empieza a pararse. Cuanto más crece la observación, más y más consciente te vuelves de una clave secreta: que la mente se puede parar fácilmente. Y ese es un momento de gran liberación: cuando puedes desactivar la mente durante horas. Y cuando vuelve, cuando la haces volver, vuelve rejuvenecida, fresca.

Por eso, los meditadores tienen que ser más inteligentes que el resto de la gente. Si no lo son, entonces su meditación es falsa, entonces no saben lo que es la meditación; están haciendo otra cosa en el nombre de la meditación. Una persona meditativa tiene que ser más sensible, más inteligente, más creativa, más amorosa, más compasiva. Estas cualidades crecen por sí mismas. Y todo el secreto radica en una cosa: aprende a parar la mente. En el momento que sabes parar la mente, tú tienes el control, y entonces la mente es un hermoso mecanismo. La usas cuando quieres usarla, cuando es necesaria, y la postergas cuando no es necesaria.

¿Qué es la meditación? ¿Es una técnica que se puede practicar? ¿Es un esfuerzo que hay que hacer? ¿Es algo que la mente puede lograr? No lo es.

Todo lo que la mente pueda hacer no puede ser meditación; es algo más allá de la mente, la mente es absolutamente inerme ahí. La mente no puede entrar en la meditación; donde termina la mente, comienza la meditación. Esto hay que recordarlo, porque en nuestra vida, todo lo que hacemos lo hacemos a través de la mente; todo lo que logramos, lo logramos a través de la mente. Y entonces, cuando empezamos a ir hacia dentro, empezamos a pensar otra vez en función de técnicas, métodos, acciones, porque toda nuestra experiencia de la vida nos muestra que todo se puede hacer con la mente. Sí. Excepto la meditación, todo se puede hacer con la mente; todo se hace con la mente, excepto la meditación. Porque la meditación no es un logro: ya es la realidad, es tu naturaleza... No hay que lograrla; solo hay que reconocerla, solo hay que recordarla. Está ahí esperándote; tan solo un giro hacia dentro, y está disponible. La has llevado contigo siempre y siempre.

La meditación es tu naturaleza intrínseca; es tú, es tu ser, no tiene nada que ver con tus actos. No puedes tenerla, no puedes no tenerla, no se puede poseer. No es una cosa. Es tú. Es tu ser.

Una vez que comprendes lo que es la meditación, todo se vuelve claro. De lo contrario, sigues andando a tientas en la oscuridad.

La meditación es un estado de claridad, no un estado de la mente. La mente es confusión. La mente nunca tiene claridad. No puede tenerla. Los pensamientos crean nubes a tu alrededor; son nubes sutiles. Se crea una mente con ellos, y la claridad se pierde. Cuando los pensamientos desaparecen, cuando ya no hay nubes en torno a ti, cuando eres en tu simple ser, entonces sucede la claridad. Entonces puedes ver muy lejos; entonces puedes ver hasta el final de la existencia; entonces tu mirada se vuelve penetrante... hasta el centro mismo del ser.

La meditación es claridad, absoluta claridad de visión. No puedes pensar en ella. Tienes que dejar de pensar. Cuando digo: «Tienes que dejar de pensar», no saques conclusiones apresuradamente, porque tengo que usar el lenguaje. Así que digo: «Deja de pensar», pero si *tú* empiezas a *dejar*, no atinarás, porque de nuevo lo reducirás a una acción.

«Deja de pensar» significa simplemente: no hagas nada. Siéntate. Deja que los pensamientos se asienten por sí mismos. Deja que la mente cese por sí misma. Simplemente siéntate mirando la pared, en una esquina silenciosa, sin hacer nada en absoluto. Relajado. Suelto. Sin ningún esfuerzo. Sin ir a ninguna parte. Como si te estuvieras durmiendo despierto: estás despierto y te estás relajando, pero todo el cuerpo se está durmiendo. Tú permaneces alerta por dentro, pero todo el cuerpo entra en una profunda relajación.

Los pensamientos se asientan por sí mismos, no necesitas mezclarte con ellos, no necesitas tratar de modificarlos. Es como si un arroyo se hubiera enlodado... ¿qué haces? ¿Te tiras a él y empiezas a ayudar al arroyo a ponerse claro? Lo enlodarás más. Simplemente te sientas a la orilla. Esperas. No hay nada que hacer. Porque cualquier cosa que hagas enlodará más el arroyo. Si ha pasado alguien por un arroyo y las hojas muertas han subido a la superficie y ha surgido el lodo, lo único que se necesita es paciencia. Simplemente te sientas a la orilla. Observas, con indiferencia. Y según el arroyo siga fluyendo, se llevará las hojas muertas y el lodo comenzará a asentarse, porque no puede quedarse suspendido para siempre.

Después de un rato, de pronto te darás cuenta: el arroyo está otra vez cristalino.

Cada vez que pasa un deseo por tu mente, el arroyo se enloda. Así que simplemente siéntate. No intentes hacer nada. En Japón, a este «simplemente sentarse» se le llama *zazen*; simplemente sentarse y no hacer nada. Y un día, sucede la meditación. No es que tú la hagas llegar a ti; viene a ti. Y cuando llega, la reconoces inmediatamente; siempre ha estado ahí, pero tú no estabas mirando en la dirección correcta. El tesoro ha estado contigo, pero tú estabas ocupado en alguna otra parte: en pensamientos, en deseos, en mil y una cosas. No estabas interesado en lo único que importa... y era tu propio ser.

Recuerda, la meditación te traerá más y más inteligencia, infinita inteligencia, una inteligencia radiante. La meditación te hará más vital y sensible; tu vida se volverá más rica.

Puedes entrar en meditación simplemente sentándote, pero entonces simplemente estate sentado; no hagas nada más. Si puedes estar simplemente sentado, se vuelve meditación. Estate completamente presente mientras estés sentado; el no-movimiento debería ser tu único movimiento. De hecho, la palabra *zen* proviene de la palabra *zazen*, que significa simplemente estar sentado, sin hacer nada. Si puedes simplemente sentarte, sin hacer nada con tu cuerpo y nada con tu mente, se vuelve meditación; pero es difícil.

Puedes estar sentado muy fácilmente cuando estás haciendo alguna otra cosa, pero en el momento que estás simplemente sentado sin hacer nada, se vuelve un problema. Cada fibra de tu cuerpo empieza a moverse por dentro; cada vena, cada músculo, empieza a moverse. Empezarás a sentir un sutil temblor; serás consciente de muchos puntos en tu cuerpo de los que nunca antes habías sido consciente. Y cuanto más trates de simplemente estar sentado, más movimiento sentirás dentro de ti. De modo que sentarse se puede usar si primero has hecho otras cosas.

Puedes simplemente andar, eso es más fácil. Puedes bailar, eso es aún más fácil. Y después de haber estado haciendo otras cosas que son más fáciles, entonces te puedes sentar. Sentarse en una postura búdica es lo último que hay hacer, en realidad; nunca debería hacerse al principio. Solo después de que hayas empezado a sentirte totalmente identificado con el movimiento puedes empezar a sentirte totalmente identificado con el no-movimiento.

De manera que nunca le digo a la gente que empiece simplemente sentándose. Empieza donde sea más fácil empezar, de lo contrario empezarás a sentir muchas cosas innecesariamente... cosas que no están ahí.

Si comienzas sentándote, sentirás mucha perturbación dentro. Cuando más intentes estar simplemente sentado, más perturbación sentirás; solo tomarás consciencia de tu mente loca, y nada más. Eso creará depresión, te sentirás frustrado. No te sentirás dichoso; más bien, empezarás a sentir que estás loco. Y a veces puede que te vueltas loco realmente.

Si haces un esfuerzo sincero por «simplemente estar sentado», puede que realmente te vuelvas loco. La locura no sucede más a menudo tan solo porque la gente no trata sinceramente de verdad. Con una postura sentada, empiezas a saber de tanta locura dentro de ti que, si eres sincero y continúas con ello, puede que realmente te vuelvas loco. Ya ha sucedido muchísimas veces; de modo que nunca sugiero nada que pueda crear frustración, depresión, tristeza... cualquier cosa que te permitirá tomar demasiada consciencia de tu locura. Puede que no estés preparado para ser consciente de toda la locura que hay en ti; hay que dejarte que llegues a saber ciertas cosas gradualmente. El conocimiento no siempre es bueno; tiene que desplegarse lentamente, según vaya creciendo tu capacidad de absorber.

Empiezo con tu locura, no con una posición sentada; doy espacio a tu locura. Si puedes bailar como loco, dentro de ti sucede lo contrario. Con una danza loca, empiezas a ser consciente de un punto silencioso en tu interior; sentándote en silencio, empiezas a ser consciente de la locura. Lo opuesto es siempre el objetivo de la consciencia. Con las danzas locas, caóticas, con los llantos, con la respiración caótica, doy espacio a tu locura. Entonces empiezas a ser consciente de un punto sutil, un punto profundo en tu interior que es silencioso e inmóvil, en contraste a la locura de la periferia. Te sentirás muy dichoso; en tu centro hay un silencio interno. Pero si simplemente estás sentado, entonces lo interno es lo loco; estás silencioso por fuera, pero por dentro estás loco.

Será mejor si empiezas con algo activo, algo positivo, vivo; entonces comenzarás a sentir que está creciendo un silencio interno. Cuanto más crezca, más posible te resultará usar una postura sentada o tumbada, más posible será la meditación silenciosa. Pero para entonces todo será diferente, totalmente diferente.

Una técnica de meditación que comienza con movimiento, acción, te ayuda también de otras maneras. Se vuelve una catarsis. Cuando simplemente estás sentado, estás frustrado; tu mente quiere moverse y tú estás simplemente sentado. Cada músculo gira, cada nervio gira. Estás intentando imponerte algo que no es natural para ti; entonces te has dividido en el que está imponiendo y el que está siendo obligado. Y verdaderamente, la parte que está siendo obligada y suprimida es la parte más auténtica; es una parte de tu mente mayor que la parte que está suprimiendo, y la parte mayor está abocada a ganar.

Lo que de verdad tienes que hacer con lo que estás suprimiendo es echarlo fuera, no reprimirlo. Se ha convertido en una acumulación dentro de ti, porque lo has estado reprimiendo continuamente. Toda la educación, la civilización, la enseñanza, es represiva. Has estado reprimiendo tantas cosas que podrían haber sido sacadas muy fácilmente con una educación diferente, con una educación más consciente, con una paternidad más consciente. Con una mejor consciencia del mecanismo interno de la mente, la cultura podría haberte permitido echar fuera muchas cosas.

Por ejemplo, cuando un niño está enfadado, le decimos: «No estés enfadado». Él empieza a reprimir su ira. A la larga, lo que era un fenómeno momentáneo se convierte en permanente. Ya no se comportará coléricamente, pero permanecerá enfadado. Hemos acumulado muchísima ira de lo que eran simplemente cosas momentáneas; nadie puede estar enfadado continuamente a menos que haya reprimido la ira. La ira es una cosa momentánea que viene y va: si la expresas, ya no estás enfadado. De modo que yo dejaría que el niño estuviera enfadado más auténticamente. Enfádate, pero entra profundamente en ello; no lo reprimas.

Por supuesto, surgirán problemas. Si decimos: «Enfádate», entonces te enfadarás con alguien. Pero a un niño se le puede moldear; se le puede dar una almohada y decirle: «Enfádate con la almohada. Sé violento con la almohada». Desde el principio mismo, se puede educar a un niño de una manera que es desviada. Se le puede dar algún objeto: puede seguir tirando el objeto hasta que se le pase la ira. En unos minutos, en unos segundos, habrá disipado su ira y no habrá ninguna acumulación de ella.

¡Has acumulado ira, sexo, violencia, avaricia, de todo! Y ahora esta acumulación es una locura dentro de ti. Está ahí, dentro de ti. Si empiezas con una meditación de supresión —por ejemplo, con simplemente sentarte— estás reprimiendo todo esto, no estás permitiendo que salga. De manera que yo empiezo con una catarsis. Primero, haz que lo que está reprimido salga a la luz; y cuando puedes sacar tu ira a la luz, te has vuelto maduro.

Si no puedo ser amoroso solo, si solo puedo ser amoroso con alguien a quien amo, entonces, verdaderamente, aún no soy maduro. Entonces dependo de otra persona incluso para ser amoroso; debe haber alguien, entonces puedo ser amoroso. Entonces ese amor solo puede ser muy superficial; no es mi naturaleza. Si estoy solo en la habitación no soy amoroso en absoluto, de modo que la cualidad amorosa no ha profundizado mucho; no se ha convertido en una parte de mi ser.

Te vuelves cada vez más maduro cuando eres cada vez menos dependiente. Si puedes estar enfadado solo, eres más maduro. No necesitas ningún objeto para estar enfadado. De modo que hago que al principio la catarsis sea un requisito. Debes sacarlo todo al aire, al espacio abierto, sin ser consciente de ningún objeto.

Enfádate sin la persona con la que te gustaría mostrarte enfadado. Llora sin encontrar ninguna causa; ríete, simplemente ríete, sin nada de lo que reírte. Entonces puedes echar fuera sin más todo lo que has acumulado; puedes simplemente expulsarlo. Y una vez que sabes la manera de hacerlo, te descargas de todo el pasado.

En unos momentos puedes descargarte de toda la vida; de vidas, incluso. Si estás dispuesto a echarlo todo, si puedes permitir que salga tu locura, en unos momentos hay una profunda purificación. Y ahora estás limpio: fresco, inocente; eres un niño de nuevo. Ahora, en tu inocencia, puedes hacer meditación sentado —simplemente sentándote, o tumbándote, o lo que sea— porque ahora ya no hay ningún loco dentro perturbando la sesión.

La purificación debe ser lo primero —una catarsis— de lo contrario, con ejercicios respiratorios, con simplemente sentarte, con practicar *asanas*, posturas de yoga, tan solo estás reprimiendo algo.

Cuando llega a ti el silencio, cuando desciende sobre ti, no es algo falso. No lo has estado cultivando; llega a ti; te sucede. Empiezas a sentir que crece dentro de ti de la misma manera que una madre empieza a sentir que empieza a crecer un hijo. Un profundo silencio está creciendo dentro de ti; te quedas embarazado de él. Solo entonces hay

transformación; de lo contrario, es solo autóengaño. Y uno puede en-
gañarse a sí mismo durante vidas y vidas: la capacidad de hacerlo es
infinita.

Puedes volver a descubrir la inteligencia. El único método para volver
a descubrirla es la meditación. La meditación solo hace una cosa: destruye todas las barreras que la sociedad ha creado para impedir que seas
inteligente. Simplemente retira los obstáculos. Su función es negativa:
retira las rocas que están impidiendo que fluyan tus aguas, que tomen
vida tus manantiales. Todo el mundo lleva consigo el gran potencial,
pero la sociedad ha puesto grandes rocas para impedirlo. Ha creado una
Muralla China a tu alrededor; te ha aprisionado.

Si eres cristiano, estás aprisionado por los sacerdotes cristianos. Si
eres hindú, estás aprisionado por sacerdotes hindúes. Tus prisiones son
diferentes; quizá su arquitectura es diferente, las habitaciones están
hechas de manera diferente, con diferente material. Y quizá algunas
prisiones son más cómodas que otras, más sofisticadas que otras. Por
supuesto, la prisión americana es mejor que la prisión india, mucho
mejor, más cómoda: hay radio, hay televisión para el prisionero. La prisión india está abocada a ser india. Los indios viven de una manera tan
incómoda que ¿cómo van a poder ofrecer televisión y radio y comodidad a los prisioneros? Imposible. Están ahí para ser castigados; no se les
puede permitir disfrutar.

Puede que el cristianismo sea una prisión un poco mejor que el islamismo, pero una prisión es una prisión. Y, de hecho, una prisión mejor es muchísimo más peligrosa, porque puede que empieces a aferrarte a ella, puede que no te guste salir de ella; puede que empieces a
amarla como si fuera tu casa. Pero todas son prisiones.

Y a veces la gente se harta de una prisión y cambia de prisión. El hindú se hace cristiano, el cristiano se hace hindú. Ahora hay muchos cristianos tontos que se han hecho de Hare Krisna: la misma estupidez pero
disfrazada de una forma nueva. Hay muchos hindúes que se han hecho
cristianos, pero persiste la misma superstición, no hay ninguna diferen-

cia en absoluto. He visto a esos hindúes que se han hecho cristianos: ningún cambio. He visto a esos cristianos que se han hecho hindúes: ningún cambio. Simplemente han cambiado de prisión.

Inteligencia es salir de todas las prisiones... y no volver a entrar en ninguna. La inteligencia se puede descubrir con la meditación porque todas esas prisiones existen en tu mente. Afortunadamente, no pueden llegar a tu ser. No pueden contaminar tu ser, solo pueden contaminar tu mente: solo pueden cubrir tu mente. Si puedes salirte de la mente, saldrás del cristianismo, el hinduismo. El jainismo, el budismo, y todo tipo de tonterías se acabarán. Puedes llegar a un punto final.

Y cuando estás fuera de la mente, observándola, siendo consciente de ella, siendo solo un testigo, eres inteligente. Has descubierto tu inteligencia. Has deshecho lo que la sociedad te ha hecho, has destruido el desmán; has destruido la conspiración de los sacerdotes y los políticos. Te has salido de ella, eres libre. De hecho, eres por primera vez un ser humano real, un ser humano auténtico. Ahora todo el cielo es tuyo.

Acerca del autor

RESULTA DIFÍCIL CLASIFICAR LAS ENSEÑANZAS DE OSHO, que abarcan desde la búsqueda individual hasta los asuntos sociales y políticos más urgentes de la sociedad actual. Sus libros no han sido escritos, sino transcritos a partir de las charlas improvisadas que ha dado en público en el transcurso de treinta y cinco años. El londinense *The Sunday Times* ha descrito a Osho como uno de los «mil creadores del siglo XX», y el escritor estadounidense Tom Robbins como «el hombre más peligroso desde Jesucristo».

Acerca de su trabajo, Osho ha dicho que está ayudando a crear las condiciones para el nacimiento de un nuevo tipo de ser humano. A menudo ha caracterizado a este ser humano como Zorba el Buda: capaz de disfrutar de los placeres terrenales, como Zorba el griego, y de la silenciosa serenidad de Gautama Buda. En todos los aspectos de la obra de Osho, como un hilo conductor, aparece una visión que conjuga la intemporal sabiduría oriental y el potencial, la tecnología y la ciencia occidentales.

Osho también es conocido por su revolucionaria contribución a la ciencia de la transformación interna, con un enfoque de la meditación que reconoce el ritmo acelerado de la vida contemporánea. Sus singulares «meditaciones activas» están destinadas a liberar el estrés acumulado en el cuerpo y la mente, y facilitar así el estado de la meditación, relajado y libre de pensamientos.

Está disponible en español una obra autobiográfica del autor titulada: *Autobiografía de un místico espiritualmente incorrecto*, Editorial Kairós.

Osho International Meditation Resort

EL RESORT DE MEDITACIÓN FUE creado por Osho con el fin de que las personas puedan tener una experiencia directa y personal con una nueva forma de vivir, con una actitud más atenta, relajada y divertida. Situado a unos ciento sesenta kilómetros al sudeste de Bombay, en Puna, India, el centro ofrece diversos programas a los miles de personas que acuden a él todos los años procedentes de más de cien países.

Desarrollada en principio como lugar de retiro para los marajás y la adinerada colonia británica, Puna es en la actualidad una ciudad moderna y próspera que alberga numerosas universidades e industrias de alta tecnología. El Resort de Meditación se extiende sobre una superficie de más de dieciséis hectáreas, en una zona poblada de árboles conocida como Koregaon Park. Ofrece alojamiento de lujo para un número limitado de huéspedes, y en las cercanías existen numerosos hoteles y apartamentos privados para estancias desde varios días hasta varios meses.

Todos los programas del centro se basan en la visión de Osho de un ser humano cualitativamente nuevo, capaz de participar con creatividad en la vida cotidiana y de relajarse con el silencio y la meditación. La mayoría de los programas se desarrollan en instalaciones modernas, con aire acondicionado, y entre ellos se cuentan sesiones individuales, cursos y talleres, que abarcan desde las artes creativas hasta los tratamientos holísticos, pasando por la transformación y terapia personales, las ciencias esotéricas, el enfoque zen de los deportes y otras actividades recreativas, problemas de relación y transiciones vitales importantes para hombres y mujeres. Durante todo el año se ofrecen sesiones individuales y talleres de grupo, junto con un programa diario de meditaciones.

Los cafés y restaurantes al aire libre del Resort sirven cocina tradicional india y platos internacionales, todos ellos confeccionados con vegetales orgánicos cultivados en la granja del Resort. El complejo tiene su propio suministro de agua filtrada.

PARA MÁS INFORMACIÓN

Para obtener más información sobre cómo visitar este centro de la India, o conocer más sobre Osho y su obra, se puede consultar *www.osho.com*, amplio sitio web en varias lenguas que incluye un recorrido por el Osho International Meditation Resort y un calendario de los cursos que ofrece, un catálogo de libros, libros electrónicos y grabaciones en audio, una lista de los centros de información sobre Osho de todo el mundo y una selección de sus charlas. También puede dirigirse a Osho International, Nueva York, *oshointernational@oshointernational.com*

ESTE LIBRO HA SIDO IMPRESO
EN LOS TALLERES DE
A&M GRÀFIC, S. L.
SANTA PERPÈTUA DE MOGODA (BARCELONA)